和合

CONTENTS

「和合」題字／金澤翔子　「WAGO」題字／安河内眞美

河内国一の宮・枚岡神社の御本殿。

【10周年記念特集】

神々の奇跡、生命の奇跡

04　「日出処日本」巨匠・横山大観の祈り

06　神宮礼拝　稲田美織

12　人の誕生の奇跡　藤原美津子

14　和の道　中東 弘×塚田昌久
神業遺伝子をオンにする

21　俳句と神道　鹿又英一

22　随神の道を行く　枚田勘一郎

26　必然の中の奇跡　岡田能正

28　母なる大地に抱かれて　画家・太陽×植松規浩
太陽に向かって生きる

32　小林芙蓉×画家・太陽×植松規浩
令和三年は一番重要な年です

37　いのちを舞う　やまとふみこ

40　神々の杜／仁淀川平家の杜　久保田 敦
横倉宮・安徳天皇陵墓参考地

46　神々の意を伺う　町田真知子

48　一の宮を巡る 第二十九回　荒川祐二
伊勢国一の宮・椿大神社

54　和合インターナショナル 和の心　清水祥彦×山崎敬子
神社は不変なものではなく、常に進化していくもの

60　暮らしの中に神棚を
市川緋佐麿×市川和裕×窪寺伸浩
神話の中に答えがある！

66　神棚ガールズ誕生！

68　文化庁・伝統文化親子教室事業「小鼓で能の世界へ！」

70　神々の輪　深結（Myu）
平松神社

74　神社旅行の楽しみ　渋谷 繁
小さな神社を旅する

82　奥付・バックナンバー

横倉宮の表参道の鳥居（高知県越知町）。　撮影／久保田 敦

［表紙写真］稲毛神社の御本殿前。「令和の御大典記念事業」として復元された、欽明天皇が奉った勅幣七串を神前に立てて御祈願をすると「和」と「勝」の御神徳があるということです。

「日出処日本」巨匠・横山大観の祈り

近代日本画の巨匠・横山大観が昭和15（1940）年に天皇皇后両陛下へ献上された名品が「日出処《ひいずるところ》日本《にっぽん》」の二作品です。豊かなる日本の国土と、そこに八百万の神々を感じる精神がしっかり描きこまれています。

戦時色が濃くなる日本に託された、大観の無垢なる祈り。

強烈な個性や「自我」を競い合う「アート（芸術）」ではなく、大自然の豊かな命に「美」を見る日本美術の真髄、素晴らしさを感じてください。

明治維新後、日本が西洋崇拝に傾き、絵も西洋画を奨励する風潮が強まってきた時、岡倉天心は断固としてこれに反対し、日本画の近代化をはかりました。

「西洋のこと果たして本邦に適するや否やを考ふるに、一として直ちにこれを実施すべきものなし」と主張していた天心は、急速な西洋化に対し批判的な立場を堅持してきました。

その天心の遺志を継ぎ、天心の理想の実現一筋に生きたのが、近代日本画の巨匠・横山大観です。「新しい日本画をつくる」という意気込みで、明治・大正・昭和を生き抜き、日本画壇に大きな位置を占めました。

「日本画とは、形ある物を通して、物の背後にある霊性を描くものであり、客観的事実の写実的な説明ではない」

「自然を観て、そのものを描くのではなく、自然の霊性を、真実なる生命を表現するのだ」と、大観は語っています。

強烈な個性や「自我」を競い合う「アート（芸術）」ではなく、大自然の豊かな命に「美」を見る日本美術の真髄です。

自然界のあるゆるものに無限の個性、無限の形相、無限の色彩、無限の「美」を見い出すのです。

ナチュラルな個性を

もちろん大観の絵に個性が無いわけではありません。最も得意とした富士山にしても、海や山の描写にしても、大観らしさは充分にあります。

皇居二重橋

例えば、まだ「アート（芸術）」という概念もなかった江戸時代においても、浮世絵画家の絵に個性はあります。それは自然界において、あらゆる生命に個性がしっかり備わっているのと同じようなものです。むしろ、あらゆる生命にまったく同じものなどありません。よく見ると、草木の葉の一枚一枚にしても違うのです。

しかし、そのようなナチュラル（自然）な個性ではなく、人間としての「我」を肥大化させたものが、西洋の「アート（芸術）」では個性とされる傾向があるのではないでしょうか。自殺へと追い込まれた精神でさえ、強烈な個性として崇められてしまう傾向があります。

そのような強烈な個性によって生み出された「アート（芸術）」は、美術館等でたまに見る分に

横山大観筆「日出処日本」　宮内庁三の丸尚蔵館蔵　縦 94.4cm ×横 131.2cm
香淳皇后へ献上された、横山大観の渾身の逸品。富士を描くことを得意とした大観は、「日本の魂」を富士に見ていました。富士に太陽、海と山々に雲海、まさに豊かなる日本の国土が凝縮され、八百万の神々の息吹さえ感じさせます。

横山大観（よこやま・たいかん）
明治元（1868）年～ 昭和 33（1958）年
茨城県に生まれる。東京美術学校（現東京藝術大学）第一期生として、岡倉天心や橋本雅邦の薫陶を受ける。明治 31 年、天心指導のもと日本美術院の創立に参加。「朦朧体（もうろうたい）」と呼ばれる画風を試みるなど、新しい日本画の創造に邁進した。大正 3 年に美術院を再興すると、以後院展を中心に数々の名作を発表。昭和 12 年には第 1 回文化勲章を受章し、明治・大正・昭和と日本画壇をリードし続けた。東京・上野の自宅が横山大観記念館となっている。

は衝撃的であったり、印象的で良いでしょう。しかし、毎日、観ていると疲れてしまいます。

これみよがしに「我」を肥大化させたり、物質的な「勝ち組」を目指し競争する西洋的な生き方を、人類はいつまで続けるのでしょうか。

そのような生き方を続けている限り、環境破壊は進み、人類の未来が危ういことは、気候危機はじめ様々な現象が証明しているのではないでしょうか。

できるなら、これからは自然と共に穏やかな気持ちで生きていきたいものです。自然界のあるゆるものに無限の美を、感動を見い出しながら。

だからこそ、これからの世界において、豊かなる暮らしを演出するなら、日本の美術をお勧めしたいと思うのです。

神宮礼拝

神々の奇跡　生命の奇跡

日本の根幹である神宮に導かれ、この十五年間もの時間はそのすべてが奇跡であり、撮影を通じて沢山のすばらしい経験をさせていただいた。
その中の一つ、十二年前のお正月での奇跡の光景は、今でも忘れることができない。

写真・文　**稲田美織**（写真家）

平成二十一（二〇〇九）年のお正月、皇大神宮（内宮）の五十鈴川に美しい虹が架かった。

皇大神宮（内宮）　三重県伊勢市宇治館町 1　　電話　0596-24-1111（神宮司庁）
豊受大神宮（外宮）　三重県伊勢市豊川町 279　　電話　0596-24-1111（神宮司庁）

お正月、皇大神宮（内宮）の宇治橋での日の出と、初詣に向かう参拝者たち。

令和三年、新しい年を迎えた。昨年は世界中、どの人にとっても大変な年であったが、新年が少しでも良い方向に進むことを、心から信じて祈らずにはいられない。

神宮では年間を通じて千五百以上のお祭りがあり、毎日、神宮のどこかでお祭りが行われている。

一月から三月に行われるお祭りをあげてみると、まずは一月一日の年の初めをお祝いする歳旦祭《さいたんさい》から始まり、三日は宮中三殿において天皇陛下が皇位の元始《げんし》を祝い奉るお祭りにあわせて、神宮でも元始祭《げんしさい》を執り行う。七日は、皇居内の皇霊殿《こうれいでん》において、昭和天皇祭が執り行われるのにあわせて、神宮では遙拝式《ようはいしき》が行われる。

そして、十一日には一月十一日御饌《いちがつじゅういちにちみけ》という、すべての神々に御饌を供進し、一年に一度、神々が大御神《おおみかみ》と御饌を共にされるお祭りである。その日の午後一時から内宮五丈殿《ないくうごじょうでん》にて、日本古来の歌舞「東遊《あずまあそび》」が奏行されるが、その美しさは、言葉では言い尽くせない。それはまるでいにしえの世界が目の前に現れたようである。

そして、三十一日は二月に行われる祈年祭《きねんさい》を執り行うために、大宮司以下の神職、楽師を祓い清める大祓《おおはらい》の儀式が行われる。

二月十一日は神武天皇《じんむてんのう》が橿原《かしはら》の地（奈良県）に宮を立てて、初代天皇に御即位された日を我が国のはじめとして、お祝いする建国記念祭が行われる。そして、十七日から二十三日に、天皇陛下が春の耕作始めの時期にあたり、五穀の豊穣をお祈りされるのに際し、神宮では祈年祭が行われる。祈年祭は「としごいのまつり」とも呼ばれている。二十三日は天皇陛下の御誕生日をお祝いして、天長祭が行われる。

三月は春分の日、春季皇霊祭遙拝は皇居内の皇霊殿において天皇陛下御親《おんみずか》ら、歴代天皇・皇后・皇親等の神霊のお祭を執り行われるのにあわせて、神宮では大宮司以下の神職が遙拝式を行う。また同じ日に、神宮のお祭りにお供えする御料の野菜・果物の豊かな稔りを祈る御園祭《みそのさい》が行われる。

ＮＹに住んでいた自分が、日本の根幹である神宮に導かれ、撮影させていただいた、この十五年間のすべてが奇跡の時間であった。その中の一つ、十二年前のお正月での光景を、今でも忘れることができない。

式年遷宮《しきねんせんぐう》とは宮地《みやどころ》を改め、御社殿や御神宝をはじめ全てを新しくして、大御神に新宮へ御遷りいただく、神宮最大のお祭りであるが、戦後から五十鈴川《いすずがわ》に架かる宇治橋を新しく架け替えることだけは、遷御《せんぎょ》の年（二〇一三年）の四年前に行われた。そのために、平成二十（二〇〇八）年七月から平成二十一（二〇〇九）年の二月一日までは仮橋が架けられる。その数か月だけは、宇治橋とその下流に架かる仮橋の二本の橋が現れて、渡ることができる。

私はその年、大晦日から神宮を訪れて、撮影させていただいていた。大晦日には大篝火が焚かれ、新年を迎える深夜十二時に参拝をしようと、多くの参拝者が長い行列を作っていた。新しい年を神宮で迎えるということが、どんなにありがたく素晴らしいことであるか。元旦は朝から小雨が降ったりして、とても寒い一日であったが、沢山の方々が参拝していた。

まず、外宮《げくう》、内宮《ないくう》をお参りして、宇治橋をちょうど渡ろうとした時、まだ小雨が降っていたのだが、五十鈴川上流の空から、突然太陽が姿を現し、その光があたりを照らし始めた。私は、ふと下流の方向を見た途端、わが目を疑った。なんと五十鈴川に、宇治橋、仮橋、そして、それと並行して美しい七色の虹が架かっていたのだ。それも、まるで本物の橋のように。

それは、一生忘れることのできない奇跡の光景であった。神宮の宇治橋は日常の世界から神聖な世界に、私たちを導いてくれる。そして、現在に存在する私たちも、二千年間そこに変わらずに存在する神宮よって、いにしえの世界にいざなわれるのだ。

近年人類は、経済至上主義で自然に多大な負担をかけてきた。そんな中、新型ウイルスの発生、環境問題や異常気象などが深刻になっている。しかし神宮では、人が自然の一部として畏怖の念を持って、自然循環に即して存在し、二千年間、祈り続けてきた。それは、世界においても唯一無二であり、神宮の存在こそが奇跡なのだ。これからも永遠の光で人類を照らしてゆくのだろう。

平成二十一（二〇〇九）年のお正月、皇大神宮（内宮）の五十鈴川、仮橋の上に並行して架かった美しい虹。

年が変わり初詣する参拝者たち、豊受大神宮（外宮）にて。

稲田美織（いなた・みおり）
昭和60（1985）年、多摩美術大学・油絵科卒業。一ツ橋中学校美術教員を経て、平成3（1991）年から拠点をNYに移し写真家として活動、世界中の美術館・ギャラリーにて展覧会を開催。
平成13（2001）年のNY同時多発テロの目撃がきっかけとなり、世界中の聖地を撮影開始。ネィティブアメリカンの聖地からイスラエル、パレスチナ、マヤ、フランス、ウクライナ、チベットなど撮影し、そして伊勢神宮へ辿り着く。平成17年から現在まで式年遷宮の撮影を行う。ハーバード大学、イスラエル美術館、国連、NY大学、コロンビア大学、ブルックリン植物園、モナコ日本庭園、パリTOKOギャラリー、MOMA、上海森ビル、在日ポーランド大使館、ウクライナ大使館、東京国立博物館などで展覧会を開催。様々なTV、ラジオ、新聞、雑誌に特集、ワシントンポスト文化ページにも特集される。平成26年、神道文化会より神道文化功労者に表彰される。
著書に『水と森の聖地伊勢神宮』『奇跡に出逢える世界の聖地』（小学館）『伊勢神宮　水のいのち、稲のいのち、木のいのち』（亜紀書房）など。www.mioriinata.net

一月十一日御饌の日、午後一時から内宮五丈殿にて日本古来の歌舞「東遊」が奏行される。

【心を添えてこそ美しい 神との繋がり、日本の伝統 シリーズ】

人の誕生の奇跡

あなたは、命の奇跡を受けて誕生している

藤原美津子（「蘇れ 日本人の会」会長）

「奇跡」を『広辞苑』で調べると、「実際に起こるとは考えられない不思議な出来事」と書かれていました。だから奇跡は、一生の中で一度起きるかどうか。そう思いがちですよね。

では、人の誕生の時はどうでしょうか。

受胎の瞬間は、最初、二億から三億あるといわれる精子の中から、たった一つの出会いです。私たちの命は、二億分の一、あるいは三億分の一という奇跡的な確率の中から生まれました。それは神の奇跡と言っていいのではないでしょうか。だから、それを受けたあなたはすごく尊い存在です。

医学の進歩と共に、人の誕生する時間は、必ずしも自然のリズム通りではなくなりましたが、本来人は、「潮が満ちるときに誕生する」と言われています。潮の満ち引きは、月の満ち欠けとも密接な関係があります。

私たちの身体にも、血液が全身に流れています。それは血潮とも呼ばれます。この言葉は、海（産み）の潮の働きと何らかの関わりを示す言葉ではないかと私は考えています。

医学的なことは専門でないので、お医者様のお話からのご紹介となりますが、血液の中には、ウイルスなど外部からの攻撃に対して、それを迎え撃つ白血球があり、なかでもNK細胞と呼ばれる細胞は、がん細胞の撃退だけでなく、ウイルスに感染した細胞を排除するという力があると伺いました。

今、世界的に大きな影響を与えている新型コロナウイルスに対しても有効かどうかは、今後の研究の成果を待たねばなりませんが、人体はそうした命の不思議な力に守られているのでしょう。

お医者様でも、名医と言われる方ほど、「人が治るのは、その人の中にある命の力です。私たち医者は、その力を引き出すためのお手伝いをしているにすぎません」と言われます。

私たちにできるのは、自分の中にある自然治癒力、神様から授けられた命の力を信ずると共に、日々の生活などでその力を蘇らせること。人が誕生するときに神の奇跡を受けて誕生している尊い命なのですから、「生かされていることに感謝して」大自然のリズムに自分を合わせて日々を過ごすことではないでしょうか。

私は、毎朝、朝日に手を合わせ、朝日を浴びてから一日を始めることをおすすめしています。この文明の時代に「なにも昔の人のように、朝日に手を合わせなくても……」と思われますか？

人の身体の体内時計は、そのままだと一日

藤原美津子（ふじわら・みつこ）
「蘇れ日本人の会」会長・神道研究家。大手鉄鋼会社に10年ほど勤務した後、知人の紹介で神道哲学者である藤原大士と出会い師事。以来30年近く、師の元で神事に従事し、人と接するよりも神様と接する方が圧倒的に長い時間を過ごす。全国の著名な神主さんとの交流も深く、神様に接する時の「心を添えてのお作法」については、しきたりを超えた日本人の心のあり方と定評がある。
年2回の伊勢神宮参拝では、人生が劇的に変わる人が続出。またのべ5000件を越える人々との相談を通じ、人生とビジネスを開き弥栄の道に進むカギを手渡している。神道の研究に加え、「弥栄という生き方」「神様と人の素敵な関係」「究極の開運法」などがライフワーク。
『経営者の魂の道場　大志塾』主宰
大志塾サイト　http://taishijyuku.jp

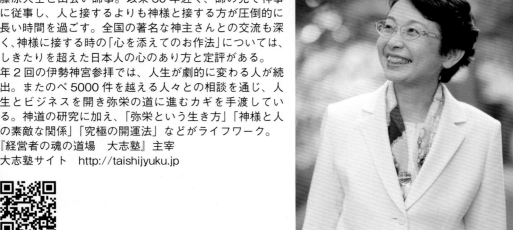

皇大神宮（内宮）別宮・月読宮

奇跡は、一生の中で一度起きるかどうか。そう思いがちですよね。
では、人の誕生の時はどうでしょうか。受胎の瞬間は、最初、二億から三億あるといわれる精子の中から、たった一つの出会い。だから、あなたは命の奇跡を受けて生まれた、ものすごく尊い存在なのです。

二十四時間十分前後なのだとか。それが朝日を浴びることでリセットされ、二十四時間のリズムに合うのだそうです。

私は、毎年二回、一月と六月に、伊勢神宮参拝研修をしています。

そのときには、伊勢神宮と月読宮《つきよみのみや》にもお参りしています。伊勢神宮の天照大御神《あまてらすおおみかみ》様が、日本の中心の神様であると共に、太陽にたとえられる神様とも言われます。月読宮の月読命《つきよみのみこと》様は、月の満ち欠けや潮の満ち引きを読むというお役目もあります。人は、太陽と月の両方から力を授かっています。ですから、太陽神である天照大御神様にお参りするだけでなく、月に関わりの深い月読命様の両方の神様に感謝をして、今ある命を大切に生きていく。そんな願いも込めてお参りをしています。

人の出生が命の奇跡を受けて生まれたものならば、それを活かして、より世の中に貢献するために自分磨きをしていきたいですね。自分が何歳まで生きられるか、それは神のみぞ知ることですが、命ある今を大切にして生きていく。そう思うと神様に対して「生かされている」その感謝も一段と深くなる気がしませんか？

和の道　第十九回

枚岡神社宮司
中東 弘 × 塚田昌久
「和合友の会 和の道」代表・「一万人のお宮奉仕」代表

神業遺伝子をオンにする 笑いと「一万人のお宮奉仕」

「和」の文化と精神を継承していくため発足された「和合友の会 和の道」は、全国の神社でお掃除をする「一万人のお宮奉仕」を展開しています。代表・塚田昌久氏が今回お話を伺った相手は「平成令和の大造営事業」を粛々と進めている枚岡神社《ひらおかじんじゃ》・中東 弘宮司。美しく蘇った御本殿の神気溢れる境内で、中東宮司も「神の力をいただく秘訣は、お掃除にあり」とおっしゃっています。誰もが、自らの内にある「神業」を引き出していく時代なのです！

感謝と祈りの「平成令和の大造営」

塚田／コロナ禍で世界中が大変な時なのですが、まさにこのタイミングで大造営事業をされ、御社殿も美しくなられた枚岡神社《ひらおかじんじゃ》さん。やはり、これから大きな役割が与えられているからでしょう。あれだけの大工事をされて、すごいことだと思うのですが、中東宮司はどのような思いで臨まれたのでしょう。

宮司／12年前、私が枚岡神社に宮司としてご奉仕させていただいた時、御殿のお屋根はすでに大分傷んでいたのです。檜皮《ひわだ》職人から「7、8年くらいしか持ちません」と言われ、その時期に何か節目に当たるようなものがないかと考えました。すると令和2（2020）年が、創祀の神津嶽《かみつだけ》から御殿がある現在地にご神霊が奉遷されて1370年の節目に当たると分かり、この年を目標に平成25年に奉賛会を結成したのです。

御殿だけでなく、二の鳥居も、また貞明皇太后様がお参りされる前年（昭和11年）に建てられた斎館も傷みに傷んでおりました。7年間の奉賛活動が実り、氏子や崇敬者からたくさんのご浄財が集まりました。お陰様で、二の鳥居は国産の檜で建て直し、斎館は大がかりな修復と増築、収蔵庫も新しく創建、拝殿前の石畳も綺麗に敷いて整備できましたし、境内地の植林、御殿の修理も終えて、瑞垣も出来上がりました。ようやく第1期工事が終わったところです。

しかし、この後もまだまだやらなければならない所があります。江戸時代の絵図には、ご祭神の天児屋命《あめのこやねのみこと》様のお子様である天押雲根命《あめのおしくもねのみこと》様を祀った摂社・若宮神社は、御本殿と同じ大きさのものが描かれているのです。実はこれを再現しようと思っています。それと、今まで19の末社を一つの末社に合祀《ごうし》していたのですが、申し訳ないので、一言主大神《ひとことぬしのおおかみ》様を祀った一言主神社と、天之御《あめのみ》中主神《なかぬしのかみ》様を祀った飛来天神社《ひらいてんじんじゃ》を新しく再建する予定です。そして、梅林へと向かう道を「感謝と祈りの道」として整備し、梅ウイルスで全滅した梅林も植え替えをしており、令和4年の春には全てが完成します。

天押雲根命様は水の神様であり、これからは水が非常に大事になることを伝えていかなければならないと思うのです。70億の世界の人口がやがて100億に膨れ上がる。そうなれば世界中で水の取り合いになります。我が国は水が豊かですが、その反面、感謝の心が希薄です。蛇口から出てくる水は神々のお山から流れてくるのです。天地自然の恵みに感謝する心を、子供たちに伝えていかなければなりません。

食料も同じで、将来不足となるでしょう。諸外国から輸入されなくなり、自給自足となった時、一番生産効率の良い米のありがたみが分かるのです。そして和食は体にも良く、その代表がお米と味噌汁、発酵食品です。そのような素晴らしい文化を伝え、体も心も健やかな日本人を育てていかないと、この国の将来はありません。そういうこ

和合友の会　和の道
〒531-0076　大阪市北区大淀中 2-1-1-5F
一般社団法人日本原史文化研究協会内
電話 06-6459-7145　FAX 06-6451-7168

写真左から枚岡神社・中東弘宮司、塚田昌久氏。
美しく蘇った枚岡神社の御本殿の前で。

とを伝えていくのが神道であり、神道の文化の根本は水と米なのです。

その水をつくるのが森であり、神話では須佐之男《すさのおの》命《みこと》のところでたくさん木のことが出てきます。その木の種を授けられた息子の五十猛命《いたけるのみこと》は全国に木を植えていきます。そのような神話を読むと、我々の先人、縄文の木の文化を持った人たちがまず木を植えてくれ、森林ができたから水が生まれたということ。その水が湧き出る森に神々を祀り、そこを聖域として大事に守ってきたのが神社なのです。

中東弘（なかひがし・ひろし）
昭和16（1941）年、大阪市に生まれる。母親の勧めで神職の道を目指し、出雲大社が管理する大社國學館に入学。昭和35年、瀬戸内海の大三島に鎮座する大山祇神社に入社。昭和39年、春日大社に入社。平成2年から5年間、春日大社の20年に一度の式年造替のための浄財を集める責任者として全国を行脚。平成9年に権宮司。平成21年に枚岡神社の宮司に就任する。

塚田昌久（つかだ・まさひさ）
昭和35（1960）年生まれ。京都外国語大学英米語学科卒。起業して30年現在グループ企業7社率いる。ベルギーモンドセレクション日本エージェント保持者、アメリカスティービーアワード国際ビジネス部門平成26年審査委員長を務める。しかし様々な苦節を味わう中で、日本の良き精神性をそなえることが、いかに人生や事業の中でも大事かを身をもって経験する。一般社団法人日本原史文化研究協会代表理事に就任。活動として、平成27年9月、京都河村能楽堂にて新作能「祖神」特別披露公演を総合プロデュース。平成28年6月、日本・ベルギー国交150周年記念事業「日本・ブルージュ伝統文化芸術祭」総監を、平成29年8月、日本・デンマーク国交150周年記念事業「日本・オーデンセ伝統文化芸術祭」総監を務める。平成30年10月、日本・スペイン国交150周年記念事業「日本、トレド伝統文化芸術祭」総監。令和3年3月、アラブ・ジャパン・国際伝統文化祭の総監。三重大学工学研究科非常勤講師。

河内国一之宮　枚岡神社
〒579-8033　大阪府東大阪市出雲井町7-16　電話 072-981-4177

令和２年９月19日に行われた本殿遷座奉祝奉幣祭。

神社というものを考えていくと、先人たちの様々な智恵が山のようにあります。神社を通じて森の文化を知っていただき、皆様に感謝の生活をしてもらいたい。これまでどこの家庭にも神棚や仏壇があり、親が感謝と祈りを込めて手を合わせてきた。子供がそれを真似て手を合わせる、今そういう家庭教育が必要だと、つくづく思うのです。

笑いで人々を健康に 世の中を平和にしていく

塚田／枚岡神社さんは「天岩《あまのいわ》戸《と》開《びら》き」の再現とされる「お笑い神事」でも非常に有名です。毎年12月に何千人もの人々を集め行っていましたが、令和２年はコロナ禍でオンライン生配信となりました。しかし、これなら遠方の人々も気軽に参加できて、全国へ笑いの輪が広がるのではないでしょうか。

宮司／これから笑いで人々を健康に、世の中を平和にしていきたいと思っているのです。

無心で笑う赤ちゃんの笑いは「神笑い」とも言われ、誰もが癒される、ものすごく幸せな笑いです。もう、いがみ合うのはやめて、皆んなで無心に笑おう。そうやって無心に笑っていると「心の岩戸」が開かれるのです。皆んながすごく良い気持ちになって、手を取り合ったり、飛び跳ねたり、大調和が起こるのです。

科学的にも笑いの効用は証明されています。大きな声で笑っていたら、全身に酸素が行き渡ります。細胞の中にはミトコンドリアがいて、酸素が届けばミトコンドリアがエネルギーを出してくれます。ですから、笑っているとさらにエネルギーが出てきて、またどんどん笑えるのです。世界中で「笑いは副作用の無い薬」と言われて、脚光を浴び注目されています。

笑いは「祓《はら》え」なのです。

我々は、神様の「気」である「神気」をいただいています。ですから本当は、皆んなが神そのものです。ところが、生活態度が悪かったり、歳をとっていくと、その「神気」が弱って枯れていく。そして病気になり、死に至ります。

だから、我々の先人は神様のいる森や山に入って、神様の大いなる「気」をいただいて、枯れた弱った「気」を元に戻しました。これが「元気」です。「元」というのは神様の意味が含まれており、神様

毎年12月23日に新しい注連縄を張って、皆んなで笑い合う「お笑い神事」。

美しく蘇った枚岡神社の御本殿。

の「気」に戻るということです。それが笑いによっても戻せるということなのです。

だから、笑いは「祓え」です。神様からいただいている「気」が枯れていくから「穢れ（気枯れ）」となり、その穢れを元に戻すから「祓え」なのです。

大阪国際がんセンターでは、定期的に吉本興業の芸人さんを呼んで、職員も病人たちも笑っているそうです。体にものすごく良いと分かっているからです。ある癌患者の方は、感謝が足りないのでは、と教えられたため、毎日「ありがとうございます」と言うことにして、無理矢理にでも笑っていたらすっかり治ったという話もあります。

血液中にも癌細胞が流れているのですが、NK細胞（ナチュラルキラー細胞）が食べてくれるから癌になりません。ところが、NK細胞が弱ってくると、癌細胞が全身に広がり癌になっていく。しかし、癌になった人でも、笑っていたらNK細胞が増え、癌細胞を食べてくれます。全身の細胞の大方は常に再生されていますので、正しい食事や運動、心の持ち方によって、体が元気になったり病気になったりします。

塚田／「一万人のお宮奉仕」でも、お掃除の後に皆んなで笑うようにしたらいいですね。

宮司／お掃除して笑ったら、神様のパワーがいただけるのだと教えていくのもいいですね。

神業遺伝子をオンにする

宮司／これから科学が加速度的に進んでいくと、奥の奥の見えない心の分野や、魂の世界が益々理解できるようになっていくことでしょう。

例えば、人の体には37兆個の細胞があり、その中を調べていくと、奥が無限に広がっていると言われています。一つの細胞だけでも宇宙のように広がっているので、我々は37兆個の宇宙を持っていることになります。どれだけの能力が眠っているのか分からない。我々は神業を既に持っていて、まだうまく引き出せないだけなのです。

細胞の中では様々な機能が連絡し合って、体が勝手に動いてくれています。それが脳とも直結していて、我々の言葉や思いは波動となって体全体に影響しています。そして、見える世界を形作っていくのです。

塚田／人間の脳の働きは、スーパーコンピューターもまったく敵わないと言われています。科学的にもそういうことが立証されていくと、魂や、心の世界が理解しやすくなりますね。

宮司／この体の中はうまく使えば、神業を生むのです。

ノーベル賞を受賞された山中伸弥先生がテレビで話していたのですが、我々の体の中にはどんな障害も乗り越えていく遺伝子が無数にあるそうです。ただそれがオフになっているだけで、オンになったらどんな障害も乗り越える神業を、皆んなが発揮できるのだそうです。ただ、その神業遺伝子をオンにするやり方がまだ分からないだけなのだ、とおっしゃっています。

我々は皆んな、ご先祖の遺伝子をいただいています。人類となって七百万年とすると、良いことをしたご先祖も、悪いことをしたご先祖もいっぱいいるでしょう。そういう遺伝子を全て持っている。悪いことをしたご先祖の遺伝子がスイッチ・オンになったら、どんなにもがいても悪くなっていくと遺伝子学者の村上和雄先生はおっしゃっていました。

「神様、ご先祖様、いつもありがとうございます」

令和２年９月19日に行われた本殿遷座奉祝奉幣祭。右は本庁奉幣使・田中恆清総長（石清水八幡宮宮司）。

と感謝していれば、良いご先祖の遺伝子がオンになりやすく、そして良いバックアップを与えてくれる。ところが、「ご先祖なんか関係ない」と無視していると、悪いご先祖の遺伝子が働いて、悪くなっていく。実は見えないご先祖の働きを遺伝子という形で皆んなが受け継いで生かされているのです。

　良いご先祖の遺伝子をオンにする。神業遺伝子をオンにするのに、一番大事なものは、村上先生もおっしゃっているように感謝の心です。

　そのためには、まず懺悔《さんげ》することです。今までの行いを反省すると「我々は自然によって生かされている」という感謝の思いが湧いてきます。感謝の思いが起こったら、世の中にご奉仕しようという慈悲の心が湧いてくるのです。懺悔《さんげ》と感謝と慈悲の心、これが大事だな、と思うのです。

神社でのお掃除に意味がある

塚田／以前、中東宮司から神社のお掃除をすれば、ご先祖様にも喜ばれると教えていただきました。ですから「一万人のお宮奉仕」は、近江商人の「三方よし」を真似て、神様、神社、参拝者、自分自身、そしてご先祖様を入れて、「五方よしの五奉仕」と言っています。

宮司／自分のためにしなければ損だと多くの人が考えています。自分の幸せだけを追っていると、どんどんそれは逃げていきます。ところが、「世のため人のために」と無心に奉仕していると、やがて自分も幸せになっていくのです。損なように見えるかもしれませんが、結局、自分の魂が磨かれ神様に近づく一番良い方法なのです。

　神社でお掃除すると、人に喜んでもらえる。神様に喜んでもらえる。ご先祖様にも喜んでもらえる。そういう思いの行動が自分の魂を磨くことにもなり、自分自身が神様の次元に近づいていくのです。それが人生の本来の目的なのだ、と多くの先人が教えてくれています。この世に生を受けた理由、それは自分の魂を高めていくためなのだ、と。そのことを前世から実践しつづけてきたのが、お釈迦様で、輪廻転生、積善をくり返して悟りを開き仏になりました。

　神道では、神様から分けみ霊をいただいて、この世に生まれ、肉体が滅ぶと、また神の世界へ戻っていくと考えられています。その分けみ霊をいかに磨いて、高い位《くらい》に戻っていくかということが大事なのであり、そのためにひたすら積善の努力が必要で、「一万人のお宮奉仕」は最善の行動でしょう。

　今の人たちはあまりにも唯物的になり過ぎています。物とお金が全てだ、と。今後、コロナ禍が収束しても、また経済一辺倒の世界へは戻って欲しくありません。自分の幸せのためだけにガムシャラに儲けて、物を得ようとする、これではまるで癌細胞的な世の中と同じです。このまま行けば人類は滅ぶと分かっていながら、元に戻れない。もうそういう生き方ではなく、共生の心と、もっとシンプルな豊かさを求めた方が良いのではないでしょうか。神社には幸せがいただける智恵が山のようにあるのです。

　神社でのお掃除「一万人のお宮奉仕」、このお掃除を通じて先人の智恵を学び、神道の心を子供たちにも伝えていかなくてはなりません。

塚田／現代社会は物が余っていて、不自由は無くても、幸福を感じられない人の方が多いのです。その原因としては、心の拠り所の無いことが挙げられると思います。
　私も子供の頃、お祖母さんに「悪いことをするとバチが当たる」と教えられたのですが、結局それが心の拠り所になっているのです。今でも何か判断する時、「神様の機嫌を損なうと怖い。自分の子供へ返ってきても嫌だから」とか考え、判断基準にしています。「神様に喜んでもらう」ということは一つの拠り所になるのです。
　そのような拠り所が無かったら、諦めたら自殺してもいいとか、人を殺めてもいいとか、そういったことが自分の心の問題だけになってしまいます。しかし、拠り所がちゃんとあれば、自分の身内や、ご近所、社会、そういうところへも迷惑がかかると考えて、変なことができなくなるのです。
　そういう意味で、一つの拠り所として神社や神様、そういうものが子供心にもあるのと無いのでは全然違ってきます。ですから、やはり神社でお掃除するというところに、すごく意味があるのです。家を掃除するのとは違って、神社でお掃除することに全てが詰まっている気がするのです。

宮司／そうですね。これから「一万人のお宮奉仕」に大いに期待しています。
　神社のお掃除をすれば、魂が磨かれ、また生き生きとして活性化され、無限の能力が働いて、神業が出てくるのではないでしょうか。神様のお力をいただいて幸せになる秘訣は、神社のお掃除にありです。

「神社のお掃除をすれば、魂が磨かれ、また生き生きとして活性化され、無限の能力が働いて、神業が出てくるのではないでしょうか。神様のお力をいただいて幸せになる秘訣は、神社のお掃除にありです。そして、神道の心を子供たちにも伝えていかなくてはなりません」

中東弘（枚岡神社宮司）

「一つの拠り所として神社や神様、そういうものが子供心にあるのと無いのでは全然違ってきます。ですから、やはり神社でお掃除するというところに、すごく意味がある気がします。家を掃除するのとは違って、神社でお掃除することに全てが詰まっている気がするのです」

塚田昌久（「和合友の会和の道」代表）

写真左から枚岡神社・中東弘宮司、塚田昌久氏。美しく蘇った御本殿の前で。

神様のお力をいただいて幸せになる秘訣は、神社のお掃除「一万人のお宮奉仕」にあり！

最初は自分の心を磨く

私にとってのお宮での清掃ご奉仕は、掃除をしながら自分の思考や行動のクセと向き合う時間です。そして、自分が掃除した後を振り返って綺麗になったところを見た時、自分が抱えていたモヤモヤなどが一掃されたことに気づいて、清々しく感じて喜びを感じます。

また、お掃除のお仲間で自然とサポートし合うことができ、「自分一人で物事を成し遂げているのではない」と気づかせてもらえる大切な時間ともなってクセになります。

繰り返し参加しているうちに、参拝する神社のお掃除にも目がいくようになり、お手伝いがしたくて代表世話人のお話をいただいた時、手をあげさせていただきました。

そのご縁で、いつもご神氣をいただきに行く三輪恵比須神社様の清掃が追いついていないのを拝見し、思い切って宮司様にお話をしたところ、「一人で維持をしていくのが難しいので是非お願いしたい」と依頼され、私の世話人としての最初のお宮ご奉仕が決まりました。

お宮の清掃ご奉仕というと堅苦しく考えられるかもしれませんが、最初は「自分の心を磨く」を目標に参加されませんか？ 清掃ご奉仕の後、「心磨き」の時間もご一緒しています。

活動を繰り返していく中で、ご自分がドンドン変わって、周囲を取り巻く世界の見方が変わる、

岩井美詠子（「一万人のお宮奉仕」代表世話人候補）

ご先祖様や神様もお喜びになってご縁繋ぎをいただける、そんな素敵なお宮ご奉仕のお仲間大募集中です。

クリエイティブディレクター小橋賢児さんも、令和２年11月８日に行われた大和国一の宮・大神神社（奈良県桜井市）の三輪山でのお掃除から参加され、お掃除の輪は一気に全国へと広がっていきそうです。

令和３年１月19日（火）
武蔵国一の宮・氷川神社（埼玉県さいたま市）
お申込期日：１月14日まで　　限定：25名

令和３年２月９日（火）
日枝神社（東京都千代田区永田町）
お申込期日：２月２日まで　　限定：25名

令和３年３月23日（火）
相模国一の宮・寒川神社（神奈川県高座郡）
お申込期日：３月16日まで　　限定：25名

連絡先／ 090-1917-9660 清水

俳句と神道⑩

鹿又英一
（俳句結社「蛮の会」主宰）

《里神楽懐の子も手をたたく　一茶》

冬の季語「里神楽《さとかぐら》」は、宮中以外の全国の神社で行われる神楽のことである。主に収穫祭後から年末にかけて実施される。笛や太鼓のお囃子にお面をかぶり色々な物語を演ずるが、演目の多くは、『古事記』『日本書紀』からの神話から題材をとっている。例えば有名な演目「天岩戸《あまのいわと》」においては、天の岩戸の物語を基に、天照《あまてらす》大御神《おおみかみ》の御神徳を称え、さらには日本の祭祀、神楽の起源を語っている。

「須佐之男命《すさのおのみこと》の乱暴に困り天照大御神は天の岩戸にお隠れになり、世の中は真っ暗になって多くの災厄が起こった。そこで神々が集まり相談し、天宇受売命《あめのうずめのみこと》に踊ってもらったところ大いに盛り上がった。これを不思議に思った天照大御神が天の岩戸を少し開けたところを大力の天《あめの》手力男神《たぢからおのかみ》が岩戸を開き、大御神を迎え出し、再び世の中が明るくなった」という日本神話の代表的物語である。

この物語のヒロインは名高い天宇受売命《あめのうずめのみこと》である。『古事記』にはその時の情況が次のように書かれている。「天《あめ》の香山《かぐやま》の天の日影を手次《たすき》に繋けて、天の真拆《まさき》の葛《かずら》として、天の香山の小竹葉《ささば》を手草《たぐさ》に結ひて、天石屋戸《あめのいわと》に汗気《うけ》伏せて踏み轟《とどろ》こし、神懸《かみがか》りして、胸乳《むなち》を掛き出で裳紐《もひも》を番登《ほと》に忍《お》し垂れき」とある。

この文章で分かるのは、天宇受売命がけっして笑いや喝采を受けるためだけにはしたない踊りを舞ったのではなく、世の中のために必死に恥じらいもかなぐり捨てて全身全霊、渾身の力で舞ったのである。だからこそ天照大御神も心を動かされたのであろう。このようなところに大和撫子のいざという時の逞しさの原型が現れていて心打たれる。天宇受売命が神楽や芸能の神として全国の多くの神社に祀られ、今でも尊崇されているということに納得するのである。

さて一茶の俳句は、子供や小動物を対象にしたものに良い句が多い。これは幼少期に苦労した人によくある傾向で、幼きものや小さき動物を慈しむ心が強くなるのである。掲句も一茶らしさが出ている佳句である。

潮騒の遠くに聞こえ里神楽　英一

写真は東京都港区新橋の新橋駅前にある烏森神社（からすもりじんじゃ）です。御祭神は、宇迦之御魂神（うかのみたまのかみ）、天宇受売命（あめのうずめのみこと）、日子番能邇邇芸命（ひこほのににぎのみこと）。平安時代の天慶3（940）年、東国で平将門が乱を起こしたので、鎮守府将軍・藤原秀郷が鎮圧のため出陣しました。秀郷は武州のある稲荷に戦勝を祈願したところ、白狐がやってきて秀郷に白羽の矢を与えました。秀郷はその矢を持って将門の乱を鎮めることが出来ました。その後、秀郷の夢の中にその白狐が現れ、「神烏の群がる所が霊地」と教えました。そこで秀郷が武州桜田村（現・港区新橋）に来たところ烏が群れていたので、そこに一社を勧請しました。それが烏森神社の創始です。

鹿又英一（かのまた・えいいち）
昭和25年、横浜市神奈川区生まれ。洲崎大神氏子。剣道教士七段。昭和47年、郵政省入省。
平成26年、横浜中郵便局長を最後に退職。現在、日本郵政株式会社宿泊事業部に勤務。
住所 〒221-0814　横浜市神奈川区旭ヶ丘5-18　　携帯 090-6178-9706
ホームページ https://ban-haiku.com/《お問い合わせはホームページをご覧ください》

随神〈かんながら〉の道を行く

370年以上前、徳川家光あたりから先祖が辿れるという枚田家。現当主・枚田勘一郎氏は今も大阪市内に江戸時代中期から続く茅葺の家に住み、神社や伝統文化の素晴らしさを伝える活動に取り組んでいます。平成28年には、梅田の北新地に曾根崎恵美寿社《そねざきえびすしゃ》という新たな神社も創建しているのです。まさにご先祖様、神様に導かれてきた若きリーダーの活動をご紹介します。

スギタグループ代表
枚田勘一郎

先祖代々の家が守ってくれる

会社を経営していると本当にいろいろなことがありますが、私は非常に運が良いですね。何かあった時、家のお社とか氏神様に手を合わせると、必ずうまくいくのです。もちろん、つまらないことは願いません。しかし、心底お願いしたことは百パーセント叶っています。

父が長い間、手入れをしていなかったお社や神棚、それらをすべて綺麗にした頃から、仕事運はずっと良いのです。何度も救われました。

「神道とは、生活そのものです」とはよく言われますが、もしかするとマンション住まいではあまりそれを感じることはできないかもしれません。しかし、ウチのような江戸時代に建てられた茅葺の家に住まわせてもらっていると、本当にその通りであることがよく分かります。すべてにおいて、神様に感謝するというところがあるのです。ですから、子供の頃から信仰というものを肌で感じていました。

家の中には神棚がいくつかあって、庭の鬼門にあたるところにはお社もあります。生まれた時から歴史を感じてきたといいますか、この家に育てられたところがあると思います。敷居をまたぐ意味、襖がどうだとか、「大黒柱を大事にしなさい」、「竈《かまど》には神様がいらっしゃるから、いつも綺麗にしなさい」など、祖母に教えられ、その背中を見てきましたので、いろんな日本の文化や精神を肌で感じてきたのです。

井戸の水は真夏でもすごく冷たく、スイカを冷やしたり、水浴びをしたりと子供にとっては嬉しいものでした。しかし、私が結婚するまで、家にクーラーはありませんでした。トイレは家の外。蚊帳《かや》の中で祖母と寝ていましたし、住みやすいのかと問われれば、住みにくいと言わざるを得ないのかもしれません。維持していくにも非常にお金もかかります。蔵の中のものは、祖父が亡くなった際に父が相続税などで物納したとのことなので、今となっては何も残っておらず、現在は部屋として利用していますが、維持をするのは大変です。

それでも、百年前、二百年前にも同じこの家の中でご先祖様が生活していたのです。私の次の代にも建物を残していかないといけない、という使命感の方が強くあります。「バチが当たる」とか、「ご先祖様に申し訳ない」とか、「家を守る」ということを、祖母からずっと教えられてきましたから、壊すという発想など湧いてきません。

戦時中のある日、サイレンが鳴り、近隣の人たち皆んな避難しましたが、祖母だけは「家を守る」と残って、仏壇に手を合わせて一緒に避難することを断ったようです。逆に避難された人たちは、途中被害にあわれ亡くなられたそうで、「家が守ってくれた」と祖母はよく語っていました。先祖代々の家に守られているということを散々聞かされましたから、家を大事にすることは当たり前のことだと思っています。

数年前、日本最古の宮大工の会社「金剛組」に修復工事をお願いしました。知人の紹介で引き受けていただけたのですが、職人さんからは気づいてなかった家の造りの素晴らしさをいっぱい教えていただきました。工事を終えるには数年がかかりましたが。

奇跡や偶然ではない

「先祖代々の家を壊して新たに建て直したら、家の人の誰かが亡くなる」と、大阪では言われていた時代もあったようですが、祖母から昔、理由は分かりませんがウチの大黒柱を切ろうとした工事の方が三人とも亡くなった、と聞いたことがあります。

やはり、魂とか、思いとか、この世には存在しているのではないでしょうか。

バブルがはじけて大変な時期に、父は貸地にするために、ある土地を更地にしました。その地には、四百年前の関ケ原の戦いの時代を見てきたといわれていた大きなクスノキが何本もあったのですが、切ることになりました。ところが、怖がって伐採する業者がなかなかいません。皆んな切りたがらないのです。近隣の人たちも木に花を添えて「切らないでほしい」と懇願されていました。

「かつて命がけで生きていた戦国大名が、戦勝祈願にどうして神社を選んだのか？ そこには、私たちには計り知れない意味があったと思います。そういうことはしっかりと今も教えていくべきなのです」杦田勘一郎

杦田勘一郎（すぎた・かんいちろう） SUGITA GROUP 代表
大学卒業後、サンフランシスコの建築会社とホテルに勤務。帰国後、世界5か国に特許を持つ水道会社に就職。退職後、本格的にスギタグループの経営に携わる。平成13（2001）年、不動産の仲介・売買・管理などを専門とするスギタハウジング株式会社の代表取締役社長に就任。平成15年には大希産業株式会社、平成26（2014）年には杦田株式会社の代表取締役社長に就任し、グループ企業の代表となり現在に至る。平成28年には城東区の防犯協会の副会長及び選挙管理委員会の委員を務め、平成29年には地域・歴史・文化活動などが評価され「第20回なにわ大賞特別賞」を受賞。城東納税協会の常任理事、平成30年、一般社団法人大阪土地協会の副理事長に就任。
SUGITA GROUP　〒536-0002 大阪府大阪市城東区今福東1-4-19
電話　06-6933-5841

しかし、当時は会社経営も厳しかったので、背に腹はかえられなかった時代。父も悩んだと思うのですが、そのクスノキを渋々切ることになりました。すると、伐採後間もなく、次々と関わった皆んなが大怪我をしたのです。私は父の会社に勤めて間もなかったのですが、担当部署の上司も先輩も大怪我をし、父は大したことはなかったのですが、目の手術をすることになりました。

「これはやばいな」と私は父に話をしてから、神社仏閣に携わっている奈良の知り合いに相談しました。そして仏像を彫る人を紹介してもらって、その木で数珠《じゅず》と仏像を作ったのです。すると数珠を作ってすぐに、私に一人目の子供を授かりました。その後も自分自身に良いことばかりが、しばらく続いて起こりました。

若宮八幡大神宮　〒536-0016　大阪府大阪市城東区蒲生4-3-16
氏子の杦田氏が、注連縄作りや味噌作りの教室を仲間たちと開催している神社です。

その知り合いは「大事にされてきた巨木を切ったりすると悪いことが起きる。バチが当たる。その時に『申し訳なかった』と再利用などして大切にすると、負をプラスに変える力がその人へと来るのだ」と言っていました。

現代人なら奇跡だと言うか、はたまた偶然で片付けるのか分かりませんが、昔の人であれば、このように何か助かった時などは、「ご先祖様に守られているのだ」と思うのではないでしょうか。ただのラッキーでは片付けない。

私も大きな行事などをする時に、ぱっと晴れたなら、それをラッキーとは思わないのです。神様がちゃんと天気にしてくれたのだ、ご先祖様が守ってくれているのだ、と思います。普段から神様やご先祖様を敬い、ご奉仕もしっかりさせていただいていますからね。

神社を大事にしている人には「晴れ男」「晴れ女」が多いと思っています。「自分は雨男（雨女）と言われているんです」という人には、「神社（氏神様）を大事にしていないんじゃない？」と私は言っています（笑）。

新たに神社を創建する

近年はだんじり（地車）に乗る人も、お祭りも減りました。今はコロナ禍にあって、これから神社も大変だろうと思います。それでも、やはり子供たちが気楽に通える神社でなければいけない。そのようなお手伝いができればいい、と思うのです。

昔は『古事記』の紙芝居を作って寄付させていただいたりもしたのですが、神社で注連縄《しめなわ》作りや味噌作りの教室を仲間たちと開催したりしています。神社でやることに意義があると思うのです。ただ作るのではなく、様々な歴史や文化を絡ませて教えていくことができます。

また、神社には教典というものがありませんから、そういう催しをしていかないと、だんだん人が離れてしまうのではないでしょうか。うまく神社や宮司さんと繋がるきっかけが必要なのです。

平成28年には、梅田の北新地に曾根崎恵美寿社《そねざきえびすしゃ》という、新たな神社を創建しました。祖父の代から持っている土地で、明治時代から残る薄暗い路地です。この場所から周囲の店を巻き込んだ町づくりがしたい。ふと思ったのは、北新地で働く人たちも皆んな、仕事等で必ず悩みは抱えているはずだ、ということです。そういう人たちの心の拠り所として、恵比寿さんが良いのではないかと考えました。

つくるにあたって、まず、家のお社を修理してくれたお爺さんに相談に行きました。まだ何にも言っていない私にいきなり、「よかれと思って言うが、神様がいらっしゃるところに新たに神社をつくって、会社潰した奴が山ほどいるぞ」と言ってきました。

ある氏神様のエリアに新たな神様を祀る神社をつくるのは良くないと、それまでその氏神様に守っていただいていたのに、例え企業が寄付を募っても新しい神社をつくったりしてはいけないのだ、と説明してくれました。私はびっくりしましたが、「実は、恵比寿さんのお社を建てさせてもらおうと考えているのです」とだけは言ってみました。「それなら、よくよく調べなさい」と返されました。

それで、今度は大阪天満宮の禰宜《ねぎ》さんに相談したのです。持っている路地が、大阪天満宮とお初《はつ》天神《てんじん》（露天神社《つゆのてんじんじゃ》）のエリアであることは分かっていました。しかし、禰宜さんは「ここはウチなのかな？　露天神社なのかな？」と言われ、露天神社さんにも話をしてくださいました。すると、「この蜆楽《けんらく》筋という通りは、どっちでもないなぁ」ということになったのです。

では、いったいどうするのか？　「枚田さんが恵比寿さんとおっしゃるのなら、恵比寿さんは大阪天満宮さんになるでしょうね」と、露天神社さんと大阪天満宮さんとの話し合いの中、「では、ウチでやらせてもらいます」と大阪天満宮さん。こうしてようやくおさまりました。大阪天満宮さんの下でやっていただけるのでしたら、地域の方々も非常に喜びますし、本当にありがたかったです。

その際、もう一つ教えられたのが、恵比寿さんは海から渡ってきているわけで、陸の真ん中に恵比寿さんをつくるのは、筋として通らないから良くないということでした。幸い、そこにはかつて曽根崎川という川があって、「北の大火」の後に瓦礫の捨場となって埋められていたのです。通称が蜆川《しじみがわ》、その川に面しているから恵比寿さんを祀っても大丈夫、ということになりました。

大阪天満宮とお初天神のエリアでもなく、かつて川も流れていたというのは、やはり導かれたのだろうな、とその時に思いました。

神様はいる

エビスさんの石像は、京都の石材店で、清水寺の石垣等を補修したりしている有名なところに依頼しました。蜆川《しじみがわ》を渡って、蜆楽《けんらく》に上がってきていただいているお姿にしてください、とお願いしました。鯛と一緒にお酒を担いでもらったのは、北新地が飲屋街だからです。

偽物は作りたくありませんから、石は国産です。

曾根崎恵美寿社／蜆楽筋　大阪天満宮の下、平成28年5月に創建しました。　〒537-0002　大阪市北区曾根崎新地1丁目6-24

愛知県の三河安城の現場へ行きました。石を彫る方に「彫っていて石の中に大きな節（シミみたいな跡）が出てきたら、彫り直しになるから、何ヶ月かかるか分かりませんよ。ちゃんとしたものをつくりたいから」と言われました。幸い、大きな節も出ないで二ヶ月ほどで完成しました。

大阪天満宮さんに祝詞《のりと》をあげていただき、平成28年5月に創建しました。毎年、創建の日のお祭りには大阪天満宮さんにも来ていただいております。エビスにも一文字の「戎」や「蛭子」など、いろんな漢字がありますが、北新地はお姉さんの店もたくさんあるので「美」という文字を入れ「恵美寿」にして、「曾根崎恵美寿社」です。

曾根崎恵美寿保存会をつくって、維持管理をするようにもしました。お酒も、お水も、周囲のお店の方が毎日替えて、掃除も皆んなでしていただいています。お祭りをやったり、イベントもやったり。蜆川《しじみがわ》の「蜆」と名付けられる店もできました。いろんなことを若い人たちにもやっていただいているので、本当に感謝しています。活気づきましたね。

やって良かった、とつくづく思います。百年、二百年、いやそれ以上祀っていただけるのでしたら本望です。

かつて命がけで生きていた戦国大名が、戦勝祈願にどうして神社を選んだのか？ そこには、私たちには計り知れない意味があったと思います。それくらいパワーのあるスポットだったのでしょう。そういうことはしっかりと今も教えていくべきです。

誰もが「神様がいる」と思えば、犯罪も減るでしょう。やはり子供の頃からしっかり「神様がいる」と教えるべきなのだ、と私は思っています。

神様の心、日本人の心　第九回

必然の中の奇跡

岡田能正（滋賀県近江八幡市 賀茂神社禰宜）

「日本を再生させるため、神様の心を、日本人の心を正しく伝える語り部になる」との思いで全国で講演活動を展開している神主・岡田能正禰宜。その真摯な言葉には、誰もがはっとするような魂の気づきがあります。今こそ全世界へも発信すべき、神様の心、日本人の心なのです。

「神様はおられますか？」という質問を受けることがあります。

私は答えます。「おられます」と申し上げております。

数え切れない数の星の中で、「地球」という星に生命が存在する環境があり、どうして私たちは地球という星に生を受けたのだろうか。

どうして私たちは人間という名の生命体として生まれたのだろう。

どうして日本という名の国に今いるのだろう。どうして私たちは呼吸をすることで生きていられるのだろう。その他、考えれば不思議なことばかりであり、奇跡ということでしか解決の糸口が見つかりません。

また、日々の生活の中で偶然なのか、必然なのか、どうしても解決できない出来事に遭遇します。例えば、会いたいなと思っていた人と突然出会えたときや、願っていたことが叶ったとき、間一髪で事故を逃れられたとき等……。

私はそれを、「目に見えない力が及ぼしてくれたからである」と考えています。私たちの先人たちはそれを「神のなせる業《わざ》」と考えたのです。

古来からそのことを口伝で伝承し、親から子へ、子から孫へ。脈々と伝承し続け、その事を歴史書としてまとめるために編纂されたのが『古事記』であり、『日本書紀』であります。

また、それ以前の我が国には古代文字があって、その伝承を記述した『ホツマツタエ』や『ミカサフミ』、『フトマニ』等もあるとされています。

それらには国の成り立ち、神様の話など、我が国で伝えられてきたことが記述され残されたのです。そのことによって、我が国が神代より連綿と続く国柄であることが分かります。後世に忘れないでほしいと残していただいたのだと思います。

その他にも、各地方で残された風土記、古い家に残された古文書など、莫大な資料が残されています。本当にありがたいことであると思っています。よく残していただけたとも思います。

今、このことを我が国は教えません。そして、認めていません。二六八〇年前の建国の精神を教

賀茂神社
〒523-0058 滋賀県近江八幡市加茂町1691　電話 0748-33-0123　FAX 0748-36-3830

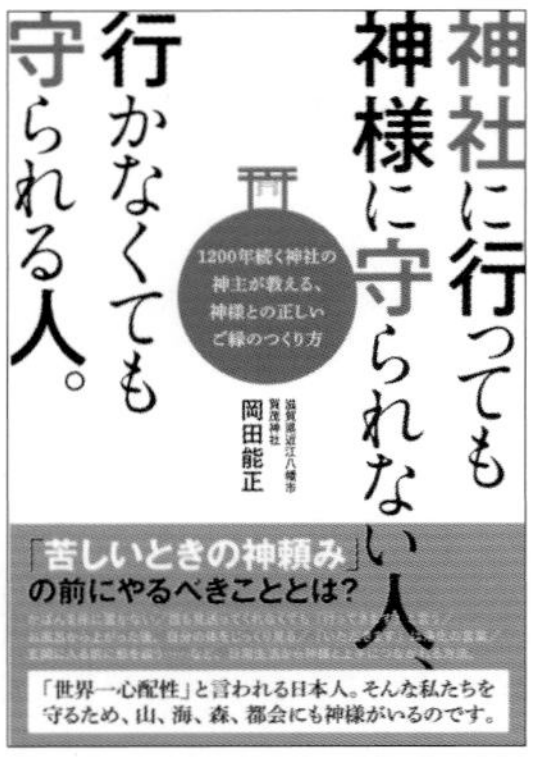

『神社に行っても神様に守られない人、行かなくても守られる人』
著者／岡田能正
発行／双葉社
価格／ 1,400円＋税

えません。

「確証がない」という方々がおられるのも事実であります。それも一つの考え方としては認めるべきことなのかもしれません。

でも、そのような考えの方々に申し上げたいと思います。

「私たちは何故生きているのでしょうか」
「何故人間なのでしょうか」
「何故この国に今いるのでしょうか」

その答えは見つかりません。偶然でしょうか。いえ、偶然ではなく、「必然なのです」。私たちを遡った、ずーっと、ずーっと先のご先祖様。更に更に遡った神代の時代から同じ血を、精神を受け継いで、この世に生を受けることになったのである、と信じているものがいることを。そして、これは「必然の中の奇跡である」と。

私たちはこの世に生を受けた限り果たさなければならないことがあると思います。それは先人たちが守ってこられた神代から続く国柄であることの認識と伝承、そして、その精神である「やまと」心の回復だと信じます。

「お互いがお互いを思いやり合い、調和を保つ精神に立ち返る」
「認め、和《やわ》す」

全てを認め、お互いを許し合う心。神様も仏様もご先祖様も、その魂の存在すべてを認め、それに対して「ありがたい」と思う感謝が出来るからこそ、目の前の人も信じることが出来る。命全ての後ろには多くのご先祖様の存在があり、そのご先祖様が、私たちに託されたものを受けて目の前におられるのだということを。そのことを認めることができれば、相手への誹謗中傷は出来なくなります。相手を非難することで自分の意見を正当化することを先人たちは求めていません。

相手を認めるから己を認められる。相手に喜んでもらえるから自分も喜べる。

そうすれば、この世に生を受けた意味が明確になり、生きなければならないと思えてきます。そうなってほしい、と私は思います。

「生きているのではない」。「生かされているのだ」と思えたとき、心も自然と謙虚になり、全てが認められ、許せるのです。

我が国には天地大自然全てに神々が存在し、あらゆるものに神が宿り、八百万の尊い神々の中で私たちは生かされています。

そして、全国には八万もの神社があり、そこでは多くのご先祖様が祈りを捧げられ、感謝をされてきた思いが寄せられた地です。そこは喜びも悲しみも辛さも怒りも持たれた方々が、感謝の祈りを捧げられた場所です。ものすごく多くの方々の思いがそこには詰まっています。

全ての神社とそれをとりまく社会こそが、我が国の歴史であり、文化でもあります。私たちはその上に今を生きているのだと改めて思うことが大切であり、その上でどのように大切な命を使い、生き方を表すかが試されているのだと思うべきであると思います。

「お天道様は見ておられる」
あらゆる尊い「御霊《みたま》」たちが私たちの働きを、目に見えない天上から、見ておられるのであります。私たちの言動全てをご覧になられています。
「あなたの存在で他の尊い命を喜ばせていますか」

私はこのことを思いながら日々生かさせていただきたいと思います。

岡田能正（おかだ・よしまさ）
滋賀県近江八幡市で、1284年続く賀茂神社の創建以来の宮司家を継ぐ長男として昭和42年誕生。京都國學院卒業後、平成元年より北野天満宮に奉職。平成4年滋賀県神社庁奉務、平成13年退社し、賀茂神社の禰宜に。著書に『神社に行っても神様に守られない人、行かなくても守られる人』（双葉社）。

母なる大地に抱かれて　第十四回

太陽に向かって生きる

画家太陽・大西幸仁 × 植松規浩

阪神・淡路大震災（平成7年）以降、神々に導かれるように神社仏閣に絵画を奉納し、岡山県矢掛町に美術館も設立した画家太陽・大西幸仁氏。その「神我一体」の境地ともいえる歩みを、植松規浩氏がお伺いいました。

神様との出会い

植松／私はかつて15社も会社を立ちあげては失敗し、ルイボスティーに出会ってようやく芽が出るようになるのですが、ルイボスティーの販売を通して、強く感じていることがあります。この世の中には神様がいて、世のためになるようなことをやっていると、どんどん神様の応援が入る。ところが、自分に都合の良い欲だけで動くと、なかなか芽が出ないということです。

　しかし、今の社会を見てみると、金が全てだという経営者も結構多いのです。それが今回のコロナ禍で、強く逆風を受けていると思います。発展途上の国で商品を作れば安いとか、安いものを仕入れて売れば儲かるとか、そういった発想だけでやっていると、どんなに儲かっても「もっと欲しい、もっと欲しい」とまた欲を膨らませていくことになります。そういうところは今回、大変な状況になっているのです。

　一方、幸仁さんは平成7（1995）年、阪神・淡路大震災が起きた時からずっと無欲で神社仏閣に絵を奉納し、日本を明るくしようと絵を描き続けています。そもそも、どういうきっかけで神社仏閣へ行くようになったのでしょう。

大西／神仏に興味を持つようになったのは、母親が心臓手術をすることになり、もう僕にできることは祈願することしかなかったからです。結局、母親は医療事故で亡くなってしまうのですが、神社仏閣へは通い続けることになりました。漫才で地方巡業へ行くと前日から泊まり込んで、その土地の神社仏閣を巡るのです。次の日その話を漫才ですると、「俺のところの寺へ行ってくれた」とお客さんからも非常に喜ばれます。

　そのうちに自分と波長の合う神社ができたり、宮司さんと知り合いになったり……、一番最初が越《こし》木岩神社《きいわじんじゃ》でした。おばあちゃんが近くに入院していたのです。大きな磐座《いわくら》がいくつかあるのですが、阪神・淡路大震災の際その一部が壊れてしまいました。それを立て直そうと僕は毎日、奥の宮へ塩や小豆や酒など神饌《しんせん》を供え、祝詞をあげていたのです。とにかく力になりたい、と絵も奉納するようになりました。

　そして、越木岩神社で子供たちの絵の展覧会を開催するようになったのです。「森の中の展覧会」と名付け、大鳥居からご神体の「甑岩《こしきいわ》」まで続く、約200メートルの参道の両側に子供たちの絵を展示します。阪神・淡路大震災を風化させず、子供たちに明るく

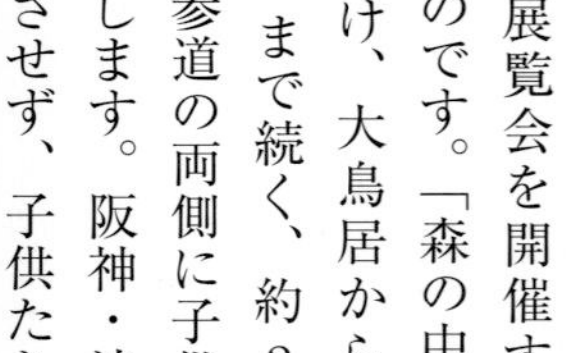

『夕日　ただ笑うだけ』
著者／画家太陽・大西幸仁
発行／自照社出版
価格／ 2,381 円＋税

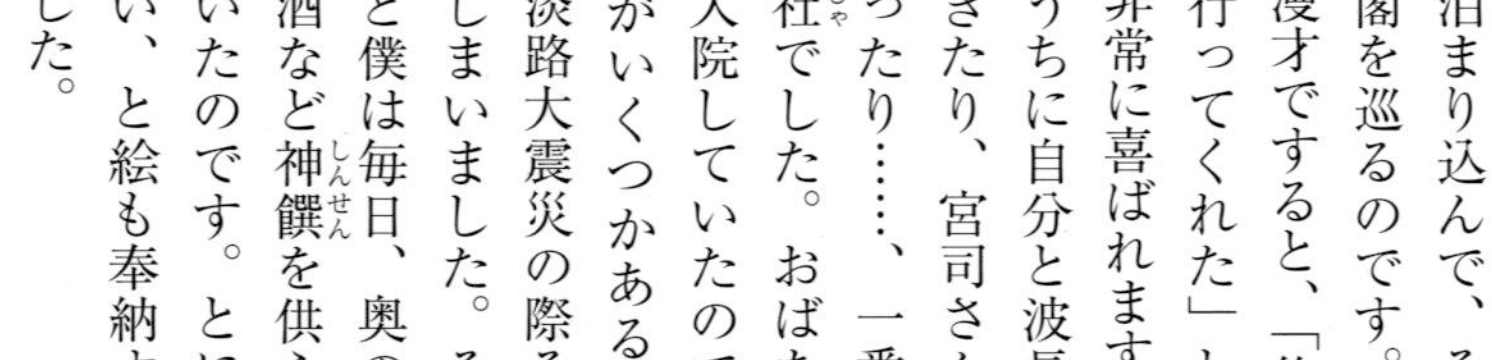

太陽美術館
〒 714-1201　岡山県小田郡矢掛町矢掛 2628-1　電話 0866-83-2133

左から画家太陽・大西幸仁氏、植松規浩氏、岡山県矢掛町の太陽美術館にて。

画家太陽・大西幸仁（おおにし・こうじん）
昭和36（1961）年、兵庫県尼崎市生まれ。昭和54（1979）年、京都精華大学美術学部造形学科油絵専攻入学。高校の同級生、富好真と漫才コンビ「ちゃらんぽらん」を結成。平成12（2000）年、上方漫才大賞大賞受賞。平成20（2008）年、芸能界を引退、画家一本で活動する。平成27（2015）年、憧れのスペインで絵画制作と個展を開催、Casa Asia（世界遺産　元サン・パウ病院）に絵を寄贈。平成29（2017）年、岡山県矢掛町に移住し太陽美術館を設立。全国の神社仏閣、文化施設等100ヶ所以上に絵画を寄贈奉納。平成30（2018）年11月、芸術と音楽で西日本豪雨復興を祈願した「やかげ太陽祭」をプロデュース。令和元（2019）年より「大和魂の復活」を祈願し、全国各地の城を描くプロジェクトをスタート。魂の成長と絆を深める「太陽絵むすび塾」を開校。

植松規浩（うえまつ・のりひろ）
株式会社アルプクエルジャパン代表取締役。
昭和17（1942）年、香川県生まれ。日本で初めて野生ルイボスティーの輸入販売を行う。

生きてもらいたいと始め、もう20年以上続けています。震災の日であり、私の誕生日でもある1月17日に子供たちに表彰状を渡すのですが、新聞やテレビに出て有名になったので、いろんな新聞社から賞がもらえるようになりました。その結果、それまであまり知られていなかった神社が有名になり、ひらけていったのです。

震災の後は西宮を中心に、尼崎、須磨、明石、姫路と100ヶ所以上の神社仏閣、温泉地で絵を奉納することになりました。そうすると、やはり神様と出会うというか……、神社へ行ったら、絵を描いているうちに、だんだん空気が変わってきて、見えないもの、空気の中に神様がいる、と。そして、気配でしか分かりませんが、それがどんどん僕の額に映るようになってきたのです。

それを描いていると、ある神社の宮司さんが驚いて「あれ、どうして、こんな本体が分かるのですか?」とおっしゃったので、「勝手に浮かんできて、手が動くのです」とお答えしました。僕は念写しているだけなのです。降りてきた神様と、その土地と、僕の魂と、三つが「天地人」になって一つの絵ができるわけです。

植松／まさに天と対話しながら絵を描いているのですね。

「神我一体」となる

大西／そのような体験を重ねているうちに、神様とは何かな？と考えた結果、空気の中に違うものがある、気配を感じる、これが神だと。例えば、ただ拍手《かしわで》を打つだけで、空気が変わるのです。

神社の境内に入って、手水舎で清めた後、「あれ、この空気は家と違う、神々しいな」と。その空気に包まれて、自分の魂とぴたっとくる時は良いのですが、ざわざわしたり、ダメな時はそこへは行けない。恐れを感じるわけです。その時は、自分がここではまだまだと考えます。

一方、自分が溶け込んでしまう、居心地が良い、「また行きたいな」と思える時、自分と相性が良いわけですから、毎日でも行きたくなります。神様が「いっらしゃい、いっらしゃい」と僕の魂を呼んでいるのです。「神様に愛されている」と思えるようになり、神様と自分が一体となり許されている自分がいます。そうなると、神様が導いてくれるのです。

自分の魂が神様とぴったりになっていくと、今度は後ろの守護霊も変わります。自分の魂に神様が入ったことによって、守護霊が変わるのです。

そうなると、自分で動いているというより、導かれるように生きるわけです。思わぬ光の方向へとどんどん導かれるのです。出会う人すべて、「あれ、こんな風に出会うと思わなかったな」とタイミング良く出会っていって、もう自分ではないような動きになっていくのです。
　幸運の筋斗雲《きんとうん》に乗った孫悟空のように、すいすいと運に乗ってうまくいきます。信号はすべて青になり、出会う人は良い人ばかり、善人が善人を連れて来るようになるのです。そうなっていくと、完全に神々の世界へ入っていきます。神様と神様を結ぶのに使われるようになります。神様が「こっち行け、あっち行け」と。
　そうして、ふと我に返ったら、駅前に一人で「あれ、帰りの電車賃が無い」という状況だったりすることもあります。でも「俺は何をしているのだろう」と不安で寂しくなっても、後ろからトントンと知り合いに肩を叩かれ、その人が奢ってくれたり、道案内してくれ奇跡が起きていくのです。だから、完全に我に返らなくても良いような状態、「神我一体」となれるのです。神と我が一体になっている世界です。
　そうすると、この世でもあの世のような世界になっていくのです。自分は使われているだけ、神様が吹くラッパであり、絵描きとして使われているだけです。人には変だと思われるのでしょうが、「神様に生かされている」という確信があるのです。

植松／今、日本も世界も新型コロナウイルスの問題で大変な状況なのですが、幸仁さんの絵はどんどん世に出ていくという不思議な状況になっています。私もルイボスティーと出会うまでは、何をやっても失敗し、世のため、人のためと動いた時はじめて神様が味方になったと思える奇跡が次々起きました。まさに、幸仁さんもこれから世界を光らせるとか、すごい現象が起きていくのではないでしょうか。

大西／令和3年、僕は還暦になるのです。1月17日が僕の誕生日であり、阪神・淡路大震災の日でもあります。還暦から、すごいことが起こるという予感があるのです。

ただ光に向かうだけで良い

植松／阪神・淡路大震災の直後、焼け野原で生き生きと咲く向日葵に感動し、幸仁さんは「がんばろう神戸」を描いています。人々が「もうダメだ」とうな垂れているのに、向日葵は無心に太陽へ向かって咲いている。この作品が神戸二紀展に初入選し、それから幸仁さんの人生が変わったそうですね。
　植物は太陽に向かって大きくなります。根は暗闇の中を生えていきますが、新芽は光へと向かって動く。人も同じで、例え逆境の中にいても、苦労を肥やしにして、たえず光を求めて上ろうとしなければいけませんね。

大西／今、世界中がコロナ禍で闇を感じているのかもしれません。しかし、闇の中でしっかり自分を見つめた人は、光を見つけ上がっていくのです。
　「光が金でしかない」という人たちは、どこを見ていいのか分からなくなり、闇に落ちてしまいます。闇の中で生まれたものは闇へと戻って行くのです。不安と恐怖で怯えているだけではダメです。自分の光を見つけ、上ろうとしなければいけないのです。

植松／そういうことを向日葵は教えていたわけですね。震災直後の大変な時でも、向日葵は太陽に向かって咲いたわけです。

大西／ただ太陽に向かうだけで良いのです。ただ光に向かっていると、いつか幸せが来るのです。太陽に向かっていたら、いつか必ず人間も咲きます。しかし、頭で考えてしまうと間違った方向へ行く

ただ太陽に向かうだけで良いのです。ただ光に向かっていると、いつか幸せが来るのです。そうすることで、心の中の魂が輝くのです。輝いて輝いて、どんどん光っていって、天に近くなって、最後は光の世界に生きる、神様と一体になるのです。

「吉備津の光」
画家太陽・大西幸仁

かもしれない、ずっと闇かもしれません。そこを突き抜けないといけません。

植松／金持ちになるとか、そういうことではなく、あくまで光を求めて、太陽を求めて動くということですね。

大西／そうすることで、心の中の魂が輝くのです。輝いて輝いて、どんどん光っていって、天に近くなって、最後は光の世界に生きる、神様と一体になる。このために僕たちは生まれてきているのです。あの世もこの世も一緒で、繋がっている永遠です。そこしか、本当の永遠の幸せはないのです。物質にとらわれていても一瞬の幸せしかない、金持ちになっても一瞬なのです。

これからの時代は、光だけの世界に変わっていきます。影の無い世界になります。どんどん次元が高くなっていくと、影が無くなっていくのです。画家ジョアン・ミロの世界と同じです。ジョアン・ミロを初めて見た時、僕は「この人は闇が無い」と思ったのです。そういう絵を描いている人は、最後はそういう場所へ行くのです。作品もそうです、ミロの美術館はスペイン・バルセロナの市内を一望できる丘にあります。天に近いところ、太陽の側ですから、闇が無い、影の無い世界なのです。

ただ光に向かって、心の中の魂が輝くように生きていると、いつか必ず幸せは訪れます。太陽に向かっているだけで良いのです。

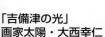

令和三年は一番重要な年です

小林芙蓉（書画家）　聞き手／植松規浩、画家太陽・大西幸仁

もう表に出していかないと、このままでは間に合わない、と書画家・小林芙蓉氏は語り始めました。日本が直面している危機、空海と真名井御前《まないごぜん》のこと。そして、「これからは国や社会のリーダーになる方は、神仏に向かう謙虚で真摯な精神性が備わっているかどうか、すなわち、美しく清らかな心根を持っているかどうかが問われます」と訴えています。財界の指導者でもあった武山泰雄氏の薫陶を受けてきた植松規浩氏と、今日まで神々に導かれてきた画家太陽・大西幸仁氏（前ページの記事をご参照）がお話を伺いました。

関西をおさめなければいけない

植松規浩／「もう表に出していかないと間に合わないから」と小林芙蓉先生に、先生の書とある大物の方が写っている写真を見せていただきました。芙蓉先生は「これからは、国や社会のリーダーになる方は、神仏に向かう謙虚で真摯な精神性が備わっているかどうか、すなわち美しく清らかな心根を持っているかどうかが問われます」と訴えています。

十数年前、財界の指導者でもあった武山泰雄先生から「このままでは日本がおかしくなる。これでは死ぬに死にきれない」と、私が守り刀を託されて、経営者たちの勉強会を始めた場所が、奇しくも芙蓉先生の京都・嵐山の松籟庵《しょうらいあん》でした。その会へ、ある社長が連れて来たのが大西幸仁さんなのです。そこで芙蓉先生と幸仁さんは出会い、以来お二人はずっと交流を続けられています。しかし、私自身が芙蓉先生のお話をじっくり伺うのは今回が初めて、なんとも不思議な宿命を感じています。

小林芙蓉／令和2年6月に私が東京から京都へと戻ってきたのは、松籟庵のこともあるのですが、天からのメッセージで「京都に帰って政治を始めろ。新しい政治を！」と告げられたのです。

そして、「引越しはいつですか？」とお訊ねすると、6月20日だと言われ、そんな無茶な、と思いました。雨の中、暑い中で荷物を運ぶのは嫌だ、と息子も言い、「いや、これは神事《かみごと》で帰れと言っているのだから、絶対に晴れる」と私は言い返しました。「晴れなかったら、お母さんの神様を信じない！」と言い出す息子に、私は「晴れる！」と断言すると、当日はぴかーっと晴れて、三日ほど晴天が続いたのです。

関西にあります空海に深く関係するお寺に、私をモデルにして仏師が作ってくださった芙蓉観音があります。そちらを訪問した際、その観音像にヒビが入っていたのです。

阪神大震災が起こる直前は、仏像の目から涙が出ている時がありました。その現象を目の当たりにした時、これは大きな地震が来るメッセージだと受け止め、芙蓉会の生徒とその家族を奈良の神社へ避難させたのです。それから間もなくして阪神大震災が起こったのですが、奈良へ移動していたため全員無事だったのです。

このように芙蓉観音にヒビが入ったという現象は、何か起こるという天からのメッセージだと感じ、これはやはり、南海トラフが起こらないよう関西の地を鎮めることが必要なのだ、という思いに至ったのです。

祈りを世界中に広める

小林芙蓉／私は死にかけた時、「仙人」という方に助けられました。山岳信仰で、本当に3年間岩山にこもり、太陽と対話して目を焼き切った方です。そのため全盲ですが、心眼で見られるのです。

（※この「仙人」は、漫画家・美内すずえ氏が著書『見えない力』（世界文化社）の中でも紹介している。仙人の周りでは「不思議」と「奇跡」が日常茶飯事、とのこと。）

仙人には私の前世や、いろんなことを教えられました。本当に正しい先祖供養の仕方、どうすれば霊体が静まるのか、といったお話もいろいろお聞きしました。

ある時、どうも私が死にかけたらしき時がありました。突然、仙人に「ここへ泊まれ」と言われたのです。「いえ、私は主婦ですから、帰って料理をしなければいけません」「泊まれと言ったら泊まれ。帰ったら死ぬぞ」と言われて泊まることに。そして、明け方の4時頃、寝ながら不思議な光景を見たのです。

徳島の方からぶわーっと渦がやって来て、日本列島が海に沈んでいきました。また一方では、3カ国か4カ国もの迷彩服を着た兵士たちが撃ち合っています。目をつぶっても見え、開けていても見えるのです。

写真左から、小林芙蓉氏、画家太陽・大西幸仁氏、植松規浩氏。

小林芙蓉先生は何事も自分のためにやっていないから、宇宙から与えてもらえるのです。「生きたい」ではなしに、すべて委ねている。神様が生かしてくれるのならいいけれど、自分から無理に生きようとしない。自分がこうしたいではなく、宇宙のリズムで生きているのです。神様に使われている時は使われたらいいし、それ以上は望んでいないです。(画家太陽・大西幸仁)

小林芙蓉(こばやし・ふよう)

幼少時より書の基本を学ぶ。30歳の時、全日本書道連盟の展覧会にて10万点のうちの3点に選ばれ「昭和の三筆」田中塊堂会長賞を受賞。1976～1977年オーストラリア国立大学で書と俳画を教えるかたわら、現地大使館主催で初の書画展を開催。「書は人なり」として、書を教える際は技術よりも人格形成を重んじ、現在は講演会や揮毫などを通じて独自の哲学を広めている。また、その高い精神性を慕い、各界に多数のファンをもつ。

中国、韓国、イスラエル、ハワイ、イタリアなど、世界各地で象徴的な書画のデモンストレーションを行ない、ローマ法王にも書を献上。多くの国で「筆が織りなす日本の心」を広めている。国内では伊勢神宮や天河大辨財天社、高野山金剛峯寺などの全国の神社仏閣にて書を揮毫・奉納。揮毫の際は世界中ののべ910カ所以上の聖地の水で磨った墨を使い、人々の幸せを祈りながら天地人の気を集めて紙の上に降ろす。その書は水のエネルギーに満ちた癒しの書とも光の書ともいわれ、人種や宗派を超えて深い感動をもたらしている。

長年にわたる国際親善活動が評価され、2015年中国政府から日本人でただ1人「国際優秀文化交流賞」を受賞。同年、韓国政府からも日韓親善の感謝碑を授与される。また、2018年には弘法大師空海修行の地である中国・西安の大興善寺(中国密教の最高寺院)にて外国人初の書画展を開催した。

京都・嵐山で元内閣総理大臣・近衛文麿公の別荘を改築した豆腐懐石料理店「松籟庵」を経営。女将として料理を通じて国内外へ和の心を伝えている。

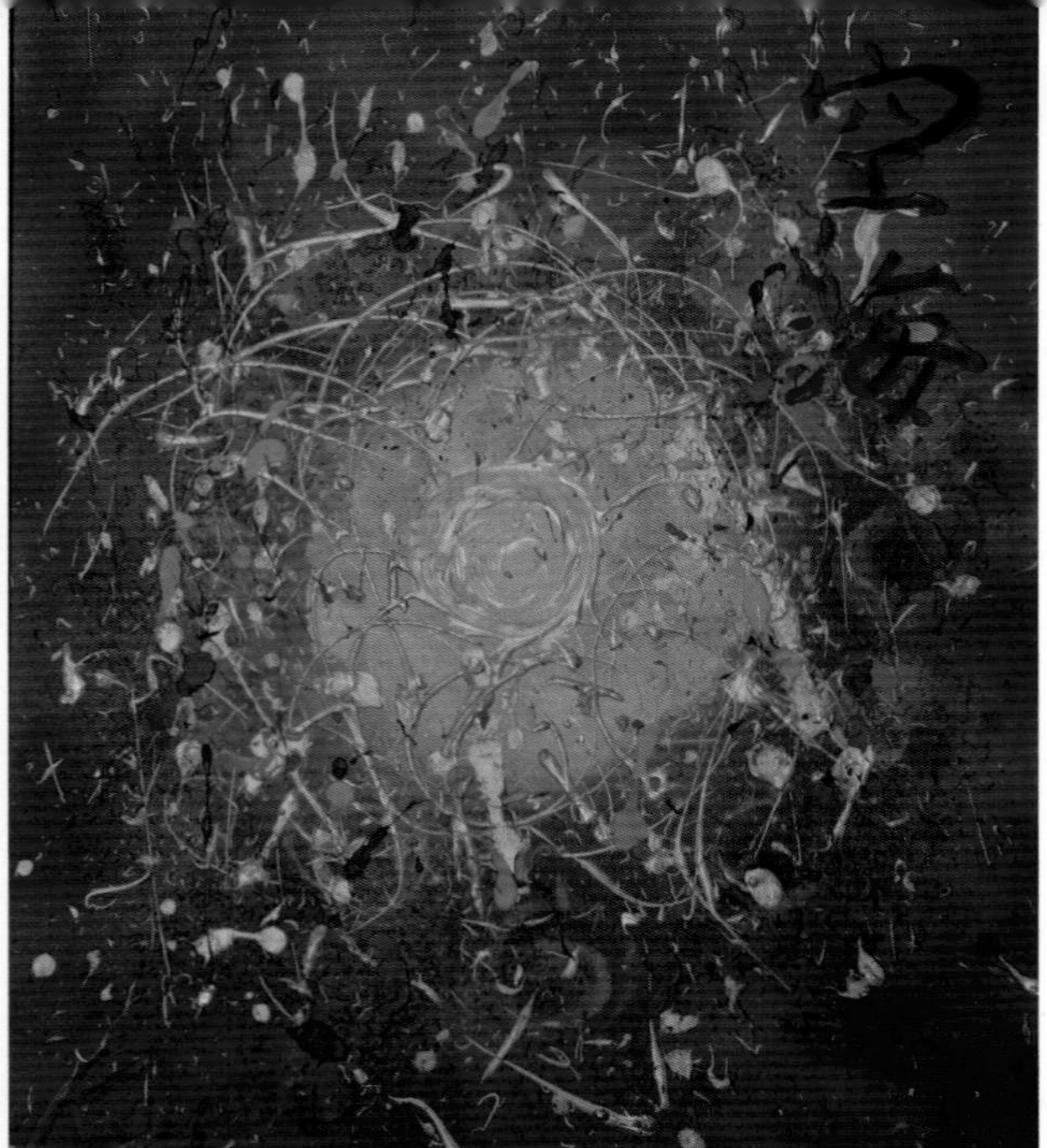

画家太陽・大西幸仁筆「空海」

朝6時になるのを待ちかねて、仙人のところへ行きました。「先生、こんなものが見えたのですが、これはどういうことなのですか?」

「おお、うちの神様、あんたに見せたか」と仙人はおっしゃり、「あれがいずれ日本の姿だ。あんたと私は富士山の頂上で、皆んなが沈む姿を見ていなければいけない」

私は言いました。「いいえ、二人で見るのは嫌です。私一人で助かるつもりはない。皆んなで生きていたい。皆んなを助けたい。どうすれば良いのですか?」

「昔は、空海一人が祈れば日本は救われた。親鸞が祈っても救われていた。だけど、今のこの時代は皆んなが祈らなければいけない時代なのだ。祈りを世界に広めよ」と仙人はおっしゃいます。「あなたの書をご神体として世界中に広めよ」

どうして書がお役に立つのか、とお訊きしたら、書を通じて、まわりの汚いものを吸い上げ、光となって上がっていくのだ、とのことでした。

それからは、中国、イスラエル、イタリアと、いろんなところから依頼が来て、不思議とテレビ局も取り上げてくれて、活動が広がっていきました。ローマ法皇にも書を献上しました。中国は上海が力を入れてくれたおかげで全土に広がり、習近平の側近の方からは「これから私どもがご招待しますので毎年来てください。西安市の空海ゆかりの寺・青龍寺に来てください」と言われたのです。

この活動の一番最初、中国へ行った時、中国と日本が仲良くできるよう書を揮毫しました。その横に桜と松を植えてくださって、3月なのに私が一番好きな花である秋桜《こすもす》が咲いていたのです。あたり一面に秋桜が揺れていました。きっと空海さんが、これからちゃんとお役目をしなさいね、ということで咲かせてくれたのだと思っています。

空海と真名井御前の究極の愛

大西幸仁/芙蓉先生の前世は、真名井御前だったそうですが、空海さんが愛したのは真名井御前だけだったのですか?

(※ 真名井御前は、丹後の籠神社の家に生まれた。幼少時の名は海部《あまべ》厳子《いずこ》。10歳の時に京へ出て頂法寺六角堂に入り、如意輪観音《にょいりんかんのん》に帰依して修行に励んでいる時に空海と出会う。厳子は、雨乞い祈祷の合戦で空海を勝たせたいと思い、丹後元伊勢に伝わる宝珠「潮満珠《しおみつたま》」・「潮干珠《しおひるたま》」を空海に預ける。それにより雨乞い合戦に勝った空海は、淳和天皇の信頼を勝ち取る。

厳子は20歳の時、淳和天皇の第4妃として迎えられ、真井御前と呼ばれるようになるが、それから6年後、厳子は空海の協力もあり甲山へ逃げることになる。その後の淳和天皇からの呼び戻しの要請を避けるため、空海は厳子に破格の阿闍梨灌頂《あじゃりかんじょう》を授け、仏門のもとに保護。その後、空海は厳子をモデルに如意輪観音像を彫り、それから4年後、空海は63歳の3月21日入定する。その一日前、厳子は高野山に向かって合掌し、如意輪真言を唱えながら息絶えたという。)

小林芙蓉/嵯峨天皇のお妃は空海の弟子にもなっており、お妃と真名井御前だけが、女性の弟子なのですが……。ある方から、お妃が嵯峨天皇のお尻を叩いたからこそ、高野山ができたという話を聞いた時に、生まれて初めて嫉妬の心が湧いてきまして、一体これはなんだろうかと思いました。

その後、間もなく、松籟庵にある方が来られて、突然、自動書記が始まりました。その自動書記には、「真名井だけ愛している。こんなに愛していたのに、なぜ自ら命を絶った」「どんな時も、あなたを守っている。守られている幸せを思え。そして、真実すべてがあなたをお守りしている。その喜びを知れ」と紙に書かれていました。

音楽家の岡野弘幹さんも空海の大ファンで、いつも空海に「なぜ、好きな女性と一緒になる幸せを選ばなかったのですか」と心で問いかけていたところ、「真名井だけを愛していたと、伝えてくれ」と空海に言われたと、岡野さんと一緒に中国の青龍寺に行った時に伝えられました。

大西幸仁/空海は何十億の人々に愛されたけれど、愛したのは真名井御前だけだった。そういう女性としての誇り、喜び、嬉しさとか、そういうものはあるのでしょうか。

小林芙蓉/そういうものではないですね。

本当に空海さんを生かすのは、身を引くことだった。真名井御前は自分を捨てたのです。そして、空海さんを生かしたのです。捨ててこそ、生かせるものがある。つまり捨て身の愛です。

自分のエゴは捨て「公」を取った、そんな真名井御前の誇りみたいなものは出てきます。「これほど素晴らしい方を途中で潰さなくて良かった。お役に立てて良かった。命を捧げてよかった」。究極の愛だったのです。

私がいつも何かあった時には、「どうぞ、どうぞ」とやるのは、この思想なのだと思います。絶対に踏み込まないし、いつでも「どうぞ、どうぞ」と相手に譲り、身を引いてきたのです。これが私のカルマかな、と思います。

大西幸仁／空海のために身を投げた真名井御前。そのような身を挺して相手に捧げるという愛は、今の世の中では失われてしまったのではないでしょうか。まさに「大和撫子」の愛です。令和の時代にもう一度、良き日本を取り戻すため「大和撫子」が必要かもしれませんね。

植松規浩／そのためには男の方も、武士道精神に則った真の男らしい、女性に惚れられる人間にならなければいけないでしょう。

大西幸仁／男は大きな志で生きるのです。世界平和とか、大和魂で日本を守るという、大きな志を持たなければいけないのです。

小林芙蓉筆「空海」

命をかけた書

大西幸仁／芙蓉先生は令和2年1月に西宮で、ドクターストップがかかっていたのに「死んでもいい」という覚悟で舞台に立たれました。そのお姿を拝見した時、涙が止まりませんでした。まさに真名井御前の御心ですね。

世の中にこんな人はいない、と思いました。皆んな、自分が可愛い。その自分を捨てるというのですから、すごい思いです。そのような思いで揮毫された書は、普通の書家のものとは違います。命をかけた書の素晴らしさというものに感動しました。

写真左から、画家太陽・大西幸仁氏、小林芙蓉氏、植松規浩氏。

小林芙蓉／仙人には「あんたは、自分を殺そうとする人でも可愛いと思っているだろう。あんたしかできん。ただし、あんたのやさしさが命取りだよ」と言われました。もともと私は天才的な「阿呆」ですから。

西宮の前にも一度、命をかけて書いたのが、韓国の国会議事堂で揮毫した時です。朴槿恵（パク・クネ）大統領の時で、350人の国会議員を前にして書きました。日本との関係がもう良くない時で、皆んなが非常に反感を持っていて、とてもしんどかった。

ところが書き終わったら、皆んな立ち上がって拍手してくれて、すぐに3名の方が私のところへ来られ「あなたは百済《くだら》の姫ですね」と。その後テレビ局が来て、1ヶ月もの間、流してくれました。魂でやれば分かってくれるのです。

大西幸仁／日本がもう韓国を捨てるのか、というような時に行ったわけですから、まさにアウェーですね。それで拍手喝采でしょう。前世の魂が、融合したい、といって出たのでしょうね。

芙蓉先生は自分のためにやっていないから、宇宙から与えてもらえるのです。「生きたい」ではなしに、すべて委ねている。私も、神様が生かしてくれるのならいいけれど、自分から無理に生きようとしないつもりです。自分がこうしたいではなく、宇宙のリズムで生きるのです。神様に使われている時は使われたらいいし、それ以上は望んでいないです。

小林芙蓉／きっと、天才的な「阿呆」だから神様が使いやすいので、私は使われているだけですね。

植松規浩／やはり、これからは皆んなが「和合」しなければいけないと思うのです。

私が大阪天満宮にさざれ石を奉納したのも、さざれ石は日本の国体、国そのものを表しているからです。原点である家庭とか、一番大切なところが幸せにならないと、国も幸せにならない。そして、皆んなで一致団結ということが一番大事です。芙蓉先生も同じことをご著書に書かれています。

小林芙蓉／出会う人が皆んな、手を組んで、スクラムを組んでやらないといけない時ですね。

大西幸仁／令和3年は重要な年です、一番大事な年ですね。

小林芙蓉／コロナも神事《かみごと》で収束すると思います。瀬織津姫《せおりつひめ》の神社で祈祷するとおさまるのです。なぜかというと、天照大御神《あまてらすおおみかみ》が東で、西が瀬織津姫で水を司る神。コロナを水で流すのです。東と西の仕組み、太陽と水、天照大御神と瀬織津姫が合体すれば、コロナも、南海トラフもおさまるはずです。あなたは太陽というお名前なので、瀬織津姫は水だから、太陽さん（大西幸仁）が祈ったら良いのじゃないでしょうか。

人々が傲慢、我欲にまみれ、全てを思いやる真心と、毎日生かしていただいているという感謝の心を失った時、大きな災害は起こります。令和3年は一番重要な年ですから、いつも生かしていただいているという、神々への感謝と周りを思いやる温かい「和合」の心で、毎日を過ごしたいですね。

『水鏡』
著者／小林芙蓉
発行／あさ出版
価格／1,400円＋税

子々孫々伝えたい日本の誉れ

いのちを舞う

現代に甦ったアメノウズメか、出雲《いずもの》阿国《おくに》か。
やまとふみこ氏のまったく枠に捕らわれない生き様こそが、舞の真髄、芸能の真髄です。
いのちの躍動、いのちへの感謝、神々への感謝……。現代人が忘れてしまいそうな、
いのちの在り方を、やまと氏は教えています。

かなさき流 やまと舞 舞主

やまと ふみこ

やまとふみこ
9歳より歌舞伎舞踊・古典舞踊の本流である尾上流初代尾上菊之丞師の下で研鑽を積み、師亡き後、独立。以来、東京国立大劇場・大阪歌舞伎座・和歌山文化会館大ホールでのリサイタルに加え、海外公演も多数開催。故郷・和歌山にゆかりのある“京鹿子娘道成寺”に度々取り組み、人間国宝・中村雀右衛門丈に指導を仰ぐ。その後、全国一の宮108ヶ所で舞行脚をし4年間で踏破、舞の原点を探る。平成19年から平成24年、学校法人りら創造芸術学園りら創造芸術高等学校にて伝統文化を教える。現在も全国の神社で舞奉納を継続。国内外で日本の文化、やまと心の伝承を努める。

三界に家なし

喜寿《きじゅ》を過ぎて、今なお第一線の現役として舞い続けている、やまとふみこ氏。舞を始めたのは9歳の時でした。「踊りの神様」と言われた六代目尾上菊五郎の祖父にあたる初代尾上菊之丞師のもと、尾上流で歌舞伎舞踊・古典舞踊の本流を学びます。

尊敬する師の亡き後、やまと氏は継承後の家元組織で師匠におさまるのをよしとせず、三回忌が済んだ後、26歳で独立します。伝統芸能の世界では前代未聞のことで、誰もが無理だと止めたそうです。

しかし、応援する人も現れ、東京、大阪、生まれ故郷の和歌山と、三ヶ所でリサイタル活動等を始めました。やがて東京、大阪では一番大きな劇場での公演を成功させ、レールの外の者たち（歌舞伎界の直系ではない者たち）が、前例には無い偉業を達成したのです。

ところが、50歳になって、やまと氏は「これは何か自分の目指すところではなかったな」と気づいたと言います。そして「これは途中経過にすぎなかった」と、そういった活動を全て止めてしまうのです。

舞の原点とは、何か？ あらためて考え直したやまと氏。アメノウズメや、出雲阿国は舞で全国行脚している…ああこれだ、と思い至ったのです。

「50歳にして、私も河原者になりますと、今までやっていたことを全て止めてしまいました。『音信不通で、あの人はどこへ行ってしまったのだ』と皆んなに言われ、現在に至っています」と、やまと氏は穏やかに微笑みます。

「既製のものの権威とか、組織とか、そういうものは全部捨てて、ずっと一匹狼でやってきました。自分は雨露さえしのげればいいという感じで、拠点を持とうとか、ひとつの形を追い求めたことはないのです。

時には舞台もありましたが、ほとんど自然の中で舞っていました。そういうことをしているうちにご縁ができて、神社でも舞うようになったのです。全国の一の宮108ヶ所全てを回り、舞を奉納させていただきました。全ての一の宮で舞ったというのは、私くらいだと思います」

「天地人 もの皆 麗しく」

そうまでして、やまとふみこ氏が追及する舞とは何なのでしょう？

「舞の原点から考えますと、アメノウズメから始まっています。闇の世を光の世にするため、最初の舞が舞われたわけです。私も、そういうことで舞わせていただいているのかな、と思います。まず自分を浄化し、元気になり、そして皆さんにも喜んでもらったり、元気になってもらったりして、やがて全てを浄化していくのです。

人間はこれだけ精巧な身体を持っているのに、ほとんどの人が使いきっていません。コンピューターもかなわない精巧な身体です。これを自在《じざい》無《む》礙《げ》（障りや妨げが無く、自由自在であること）に使うことが、神様に感謝していることにもなります。素晴らしい肉体をいただいていることを神様に感謝し、その指先ひとつ、指一本一本までもしっかり意識するということが大事なのです。

私は『心体想《しんたいそう》』という舞を基本とした健康体操を作り上げました。これは身体の各部ひとつずつ、頭の先から足の先まで意識をするというものです。意識をすれば、細胞は喜んで蘇ります。それを皆さんに伝えたい、そしてそれが舞の基本です。舞は体幹を整え、軸のぶれない心と身体を作ります。

舞とは手足を上手に動かす、ということではなく、その部位に感謝しつつ、意識を向け、そして自分の思い、自分の心、自分がどういうことを目指すのか、そうやって自分を作り上げていくことなのです。それが皆さんにも感動していただける舞となるです」

そのやまと氏が自ら創った舞が「やまと舞」です。

「やまと舞は、『天地人 もの皆 麗しく』ということがテーマです。美しく、優しく、和やかな〝やまとのこころ〟を伝え、やまとの国・日本の立て直し、この地球がさらに麗しく在らんことを願って活動しています。

私たちは、先祖から託された〝今〟という時を、先祖たちがそうしてきたように、美しいままに次の時代へと残していく責任があります。そして、次代を担うのは子どもたちです。その子どもたちに経済第一主義の中で、独善的な思想に陥らせないためにも〝やまとのこころ〟を伝え、広く国際社会に目を向け、世界の平和のため行動できる人になって欲しいのです。

そのような思いで、私たち有志が集って、令和の新時代にふさわしい新たなる活動を推進するための会も設立しました」

その拠点となる場が、三重県志摩市の皇大神宮《こうたいじんぐう》別宮《べつぐう》・伊雑宮《いざわのみや》と磯部神社にほど近い地に「あめつちの館」として完成します。

聖地に終《つい》の住処が

「これまで日本中をあちこちと、どれだけ引っ越したか分かりません。皆さんに『今住んでいるところはどこなの？』と訊かれるくらい転々としてきました。終の住処はどこになるのかな、とは思っていたのです。

いつか舞と日本文化を発信できる場ができると良いな、と思うこともありました。しかし、財産も無く、その日暮しをしておりましたので、この度そういうものができるのは本当に思いもよらぬことです」

昨年、やまと氏の活動を見守っていた友人の一人が、ぽんと資金を出してくれることになったのでした。やまと氏が偶然出会った物件が、皇大神宮別宮・伊雑宮と磯部神社のほど近くだったのです。

「これは、伊勢の原点にご縁がある、と思いました。予算の倍でしたが、その意味を理解していただき、他の御協賛もいただき、購入の運びとなりました」

それから、やまと氏の友人の設計士や壁塗りの名人も集い、夢の舞台が作られていくことになりました。ホールの壁には、赤米と黒米の稲穂を入れる予定だそうです。

「私のための家ではなく、皆さんが集うための建物、改築に携わった大工さん一人一人もそういう思いを持ってくれて『関わるのが嬉しく楽しい』という感じでした。そして、奇跡が起きたのです。

引退するような歳になっても、このように活動させていただけるのは、おそらく皆んなで世の中を良くしていきましょう、ということなのだろうと思っています。本当に、日本人の文化力はすごい。ちょっと他にはありません。日本人皆んなのDNAの中にはこんな素晴らしい力があるのですから、そこを復活させてあげれば良いのです。

それが、私の最後の仕事なのでしょう。私は舞を通して、皆さんに気づいていただいたり、体験したことをお伝えしていければいい。

「素晴らしい肉体をいただいていることを神様に感謝し、その指先ひとつ、指一本一本までもしっかり意識するということが大事なのです」
やまとふみこ

このような目的だからこそ、きっと神様が『最後にここでやれよ』と導いてくれたのだと思います」

現代のアメノウズメ、出雲阿国の終の住処が伊勢志摩の聖地に完成しました。

「もう岩戸はとっくに開いているのです。次の時代がもうすでに始まっているのです。そのような中、過去のことや我欲にしがみついていると、岩戸が開いていることにすら気が付けなくなります。過去の栄光や、私利私欲に振り回されず、今、この瞬間、生かされていることに感謝し、支えてくださっている周りへの感謝も忘れずに、ただひたすらに、生かされている命を最大限に使って前に進むこと。それが、新しい時代の鍵を握っています」

熊野那智大社でのご奉納の後に。
左から二人目がやまとふみこ氏、
右端がプロデューサー西口久美子氏。

神々の杜 第三十四回

仁淀川平家の杜 横倉宮・安徳天皇陵墓参考地

（横倉山県立自然公園）

久保田 敦

昭和40年生、愛媛県宇和島育ち。愛媛県松山市道後湯之町で、クボタ歯科醫院SANZEインプラントセンター開業。歯学博士・ペンシルベニア大学歯学部歯周治療学非常勤教授。趣味：旅行・温泉・神社探訪・写真・他多数。医院ホームページで、"院長の写真館"に作品多数掲載中。HPアドレス：http://www.kdic.jp

四国で有名な歯科医院を経営する神社愛好家・久保田敦氏が、神気に導かれるように撮影した写真は人々の魂を震わせます。

今回ご紹介してくださるのは、土佐唯一の霊山・横《よこ》倉山《くらやま》の横倉宮《よこぐらぐう》と安徳天皇陵墓参考地です。標高800mの山中に建てられた幽玄なる社殿。この横倉山全山に感じる強い神気から、只ならぬ神の杜であることは間違いないと、久保田氏は訴えます。

横倉山は、標高800メートル、仁淀川《によどがわ》の上流域である高知県越知町に聳える、土佐唯一の霊山である。この地は800年以上に亘って、修験道の神聖な地であった。

山中には、横倉宮が鎮座し、社の背後には〝馬鹿試し〟と呼ばれる岩壁がある。さらに、安徳天皇が隠れ住んだと伝えられる場所が、安徳天皇陵墓参考地とされている。また、全国名水百選である〝安徳水〟が湧き出ており、地元では〝神秘の山〟とされ、御嶽《みたけ》とも呼ばれている。

ご存知の通り、安徳天皇は、下関の壇ノ浦の戦いで入水したとされている。しかし、四国には多くの平家の落人伝説がある。ここ越知《おち》町では、安徳天皇は、難を逃れて2年間後の文治3（1187）年に横倉山に落ち延び、その後、病の為、23歳で亡くなられたと伝承されている。安徳天皇が蹴鞠をして遊ばれたという思い出の地が安徳天皇陵墓とされ、国の指定を受けた、宮内庁の直轄地である。

横倉宮に登るのには、二つのルートがある。

古くは、平安中期からの修験の道で、第一駐車場からカブト嶽、三角点を通るコースである。非常に険しい登山道で、〝四国の道〟にも指定されている。

もう一つは、新しく江戸期に整備された杉原神社経由のコースで、現在の表参道である。第二駐車場奥にある鳥居から、長い石段が続くが、比較的安心して登拝できる。

壇ノ浦の戦い（1185年）当時は、険しい〝修験の道〟のみで、まさに天然の要害であり、潜伏するには最適な地であったと思う。

修験の道は、歩き始めから急登が続き、カブト嶽から三角点を過ぎると、ここから岩場が続く。カブト嶽には、石鎚神社の祠が鎮座する。

アップダウンの激しい痩せ尾根歩きが続き、岩場を鎖とロープで昇り降りする登山道である。遙か向こうに美しい仁淀川を眺めることができるが、南側斜面には危険な断崖絶壁が続き、岩場を這い上がって登る場所もある。

残念ながら、登山の初心者には推奨できないルートである。

このような横倉山の山頂に、横倉宮は鎮座する。御祭神は安徳天皇である。

社殿は岩峰の斜面に建てられ、拝殿と御本殿は屋根付きの階段廊で繋がれている。現在の春日造りである社殿は明治30年に建て替えられている。当時、標高800メートルの山中に、よくぞ建てたと感心する。資材を運ぶのは、江戸期に整備された石段のみであり、想像を絶する労力であったと思う。この地で、安徳天皇が如何に愛され、崇拝されていたか想像でき、私にはとても伝説であるとは思えない。

御本殿の後ろは凄まじい断崖絶壁になっている。御本殿の建つ巨石を回り込むと〝馬鹿試し〟と呼ばれている場所に出る。危険を冒して断崖の先端に向かう人に、〝馬鹿か否かを試す〟という意味で、このように呼ばれているそうである。

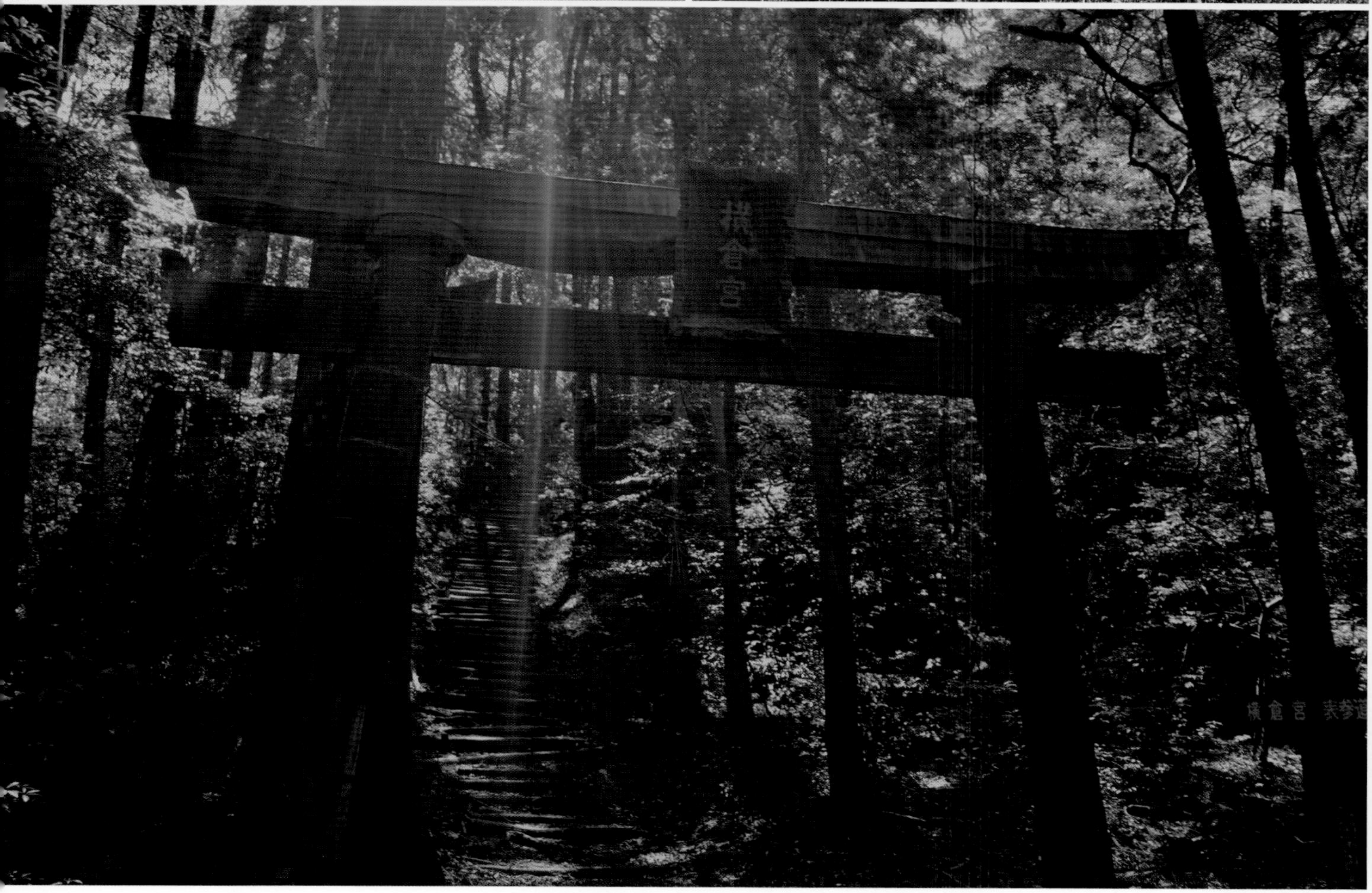

写真右上／“修験の道”からの眺め。この直下は石切場跡で、絶壁となっている。
写真左上／横倉宮の表参道の鳥居。　写真下／横倉宮の鳥居。ここからは神気が強すぎて、撮影時の露出に苦労する。

横倉宮　〒 781-1300 高知県高岡郡越知町越知 横倉山
巨岩の上に創建された横倉宮。これだけの社殿を、800 メートルの山頂に建立する為に、想像を絶する数の人々が携わったに違いない。

写真上／拝殿と御本殿が、巨岩の急斜面で繋がっている。実に明るい光で満ち溢れていた。　写真右下／側面から観ると、この巨岩の大きさが理解できる。　写真左下／御本殿下には、多くの石が積み重ねられて、礎となっていた。

鬱蒼とした森に、苔生した長い石段が続く。この先には、安徳天皇陵墓が鎮座する。

さらに、横倉宮から西へ、安徳天皇陵墓参考地へ向かう。

周囲は、鬱蒼とした森に包まれ、神聖な神気が充満している。参道の両脇には、榊が多いことに気付く。歩いていると、冷たい神気で身体が浄化されるのを感じる。

そして、苔生した石段を上りきった場所に、安徳天皇陵墓がある。

この地に立つと、とても参考地とは思えない正真正銘の天皇陵墓であると感じる。この素晴らしい神気とパワーは、筆舌に尽し難く、しばし鳥居の前で、立ち尽くす。周囲には、アカガシの大木が生えており、陽当たりが実に心地良い。陵墓中央には、石のみが積まれているが、古来より神を崇拝する様式であろう。

さらに西に進んだ「畝傍山《うねびやま》眺望所」からは、素晴らしい眺望で、眼下に坂折川とダム湖、正面には高知の山々が広がっている。

左手には、横倉宮背後の、白い大岩壁を望むことができる。正に断崖絶壁の巨石に鎮座する横倉宮である。伝説であるかどうか諸説あるが、この横倉山全山に感じる強い神気から、只ならぬ神の杜であることは間違いない。

写真上／畝傍山眺望所からは、見事な展望である。高知の山々が青々として美しい。左に、横倉宮が鎮座する巨岩と“馬鹿試し”の絶壁が見える。　　写真下／安徳天皇陵墓参考地、素晴らしい神気に満ち溢れている。撮影時は、内部を清掃中で、門が開かれていた。

神々の意を伺う ⑫

町田真知子

日々多くの経営者たちに神々の意を伝えている町田真知子先生。
今回は、西日本最高峰の石鎚山での神々の意を教えていただきました。

神との同化を感じる西日本最高峰
石鎚山《いしづちやま》

愛媛県西条市と久万高原町にまたがる石鎚山は、日本七霊山の一つです。

霊山である石鎚山は、古くから神の宿る山と言われ、山そのものが御神体と崇められてきました。毎年7月1日から10日までのお山開きの期間には、全国から白装束の修験者が訪れ登拝します。

山裾から山頂まで、石鎚神社 口之宮《くちのみや》、中宮、土小屋遥拝殿、奥之宮（頂上社）4社が鎮座されています。

主祭神　石鎚毘古命《いしづちひこのみこと》
伊邪那岐命《いざなぎのみこと》・伊邪那美命《いざなみのみこと》の第2番目の御子にあたります。

参拝当日、その日はあいにくの空模様でした。雨の降る中、ロープウェイで上がれるところまで移動しました。

中宮を通り過ぎ、さらに登り遥拝の鳥居をくぐると別世界に入り込んだように、「気」が変化していることを感じます。

力強く渦を巻くような「気」の流れに立ちくらんでしまい、遥拝の鳥居から少し登ったところで私は、リタイアしてしまいました。

下山してからも、しばらくは、「気」の影響を受けうまくメッセージを受け取れない状態でしたが、落ち着いたころに力強く雄大なメッセージが雷に打たれたように入ってきました。

「知恵によって驕ることなかれ。意味づけによって単純化し、そのことを完結させ理解したと知恵は言う。すべてにおいて意味合いを付け、意味づけによって完成させることで、進化を衰退させる。意味合いを捨てた時に、あなたはその新しい進化に出会う。単純化し完成させずに。あなたの内なるものは、単純化できるほどのものではない。理解という完成を求めずに、未知なるものを恐れずに進むものがまだ出会ったことのない自分に出会える」

私たちは、物事を理解するために「これはこういうもの」という常識や既存の理解で片づけてしまいがちです。「私って○○だから」というのも自分で自分を理解したつもりになり、その先にある自分を知ることもなく、存在することもなく終わってしまいます。

それは、自分に対してだけではなく、相手に対して、物事に対しても同じです。

私たちの思考で理解するためには、単純化された意味合いにし、記憶として保存していくものだと思っていました。その単純化された意味合いによって、その先の可能性まで自ら消していること

石鎚山　愛媛県西条市・久万高原町　撮影／久保田 敦

町田真知子（まちだ・まちこ）
神託コンサルタント

縁あって、ご神託をおこなうようになる。宗教や聖地など問わないが、現在は主に神社でのご神託をおこなっている。2016年6月に京都の伏見稲荷大社に初めて行った時、神様の使いである「白狐」とも繋がるようになる。「白狐」の教えを実行すると、ビジネスやお金の巡りが良くなったり、人生の豊かさを授かれると評判になり、紹介で毎月多くの経営者と伏見稲荷大社に行くようになる。著書に地球内部の高次元存在との対話『地底人に怒られたい』（ヴォイス出版）、『稲荷神社のキツネさん』（作画・東村アキコ　原作・町田真知子／光文社）がある。

〈 問合せ先 〉
パワープレイス銀座
〒104-0061　東京都中央区銀座 8-19-1
電話 03-5565-6850
http://www.powerplace.jp/

にも気が付きませんでした。未知というのは、恐怖でもあります。「理解ができないという恐怖」を単純化し理解せずにそのままにしていくことで、流動的に発展していくことなのかと感じました。

ご一緒させていただいた方々は、登頂され奥宮に参拝をされました。普段から登山をされている方が、「雨の冷たさと強風で、今までの登山の中で最も厳しい登山経験になりました」とお話しされていました。

石鎚山に何度も登拝されている日本山岳会会員の方がガイドをしてくださり、登山初心者の方も奥宮を参拝され、「試しの鎖」という鎖場を体験されたそうです。垂直に近い岩場に、鉄のつり革が連なった鎖を登っていくもので、登山用に設置されたものではなく、修行のためのものだそうです。

冷たい雨の中、悴んで感覚がマヒした手で冷たい鎖を登っていく、奥宮に登拝された方は、御神体である石鎚山の力強さと同化し、自分の中にある神聖な内なる自分が登拝によって引き出され、未知なる自分と出会ったのではないかと感じました。

奥宮の「試しの鎖」。撮影／久保田 敦

石鎚神社 中宮を通り過ぎ、さらに登り遥拝の鳥居をくぐると別世界に入り込んだように、「気」が変化していることを感じます。

一の宮を巡る〈第二十九回〉

伊勢国一の宮 猿田彦大本宮 椿大神社

混迷の時代の道を切り拓く

「現代の若者や子供たちに、日本の神話を伝えていきたい」とブログや単行本、演劇等、様々な活動を展開している、人気ブロガーであり作家の荒川祐二氏。

今回ご紹介する「一の宮」は、伊勢国一の宮・猿田彦大本宮《さるたひこだいほんぐう》椿大神社《つばきおおかみやしろ》です。今「200年に一度の大転換の時」を迎える私たちに即した神社として荒川氏がご紹介します。

写真上／椿大神社奥宮入道ヶ嶽山頂大鳥居。写真提供：酒井恵津子　写真下／椿大神社社殿。

荒川祐二（作家）

荒川祐二（あらかわ・ゆうじ）
昭和61（1986）年生まれ。上智大学経済学部経済学科卒。作家・小説家としてこれまでにさまざまなジャンルの本を10冊上梓。著書に『神さまと友達になる旅』（VOICE）、『神訳 古事記』（光文社）、『半ケツとゴミ拾い』（地涌社）、『幸せのコツ―大富豪 父の教え』（自由国民社）等がある。
荒川祐二オフィシャルブログ
https://ameblo.jp/yuji-arakawa

『まんが 萌え古事記』
監修／荒川祐二
イラスト／千種ひよこ
発行／光文社
価格／ 1,300円＋税
大好評発売中！

【200年に一度の大転換の時】

令和2年、年明けからの新型コロナウイルス騒動に始まり、世界中が本当に大変な一年に見舞われました。この原稿を書いている時点（11月5日）では、アメリカ大統領選挙の開票作業が行われており、今なお世界中が激震に見舞われています。

そんな激動の令和2年も終わりが近づき、今占星術を始めとして、巷では令和2年12月末に、世界的な大変革が起きると言われています。具体的に言うならば、令和2年12月22日に「グレート・コンジャンクション」という現象が起こると言われており、これは木星と土星が大接近する現象で、およそ20年に一度のサイクルで巡ってくるそうです。

ここ200年ほど、このグレート・コンジャンクションは、ほとんど牡牛座、乙女座、山羊座の「地の星座」と言われる3つの星座で起きてきました。一方、双子座、天秤座、水瓶座という3つの「風の星座」と言われる星座があり、今年のグレート・コンジャンクションは水瓶座の場所で起きるのです。

それが一体どういう影響を我々に及ぼすのかと言うと、これまでの時代の象徴である、「地の星座」というものは、物質やお金、経済、地位、名誉といった目に見える、形のあるもので、それを持っている人が社会的にも評価されるといった時代でした。

一方、「風の星座」が表すものは、情報や知性、コミュニケーション、ネットワーク、IT、自由、個性、芸術、思想、哲学といった目には見えないもの。これらが評価される所謂「風の時代」がやって来る、ということなのです。

【混迷の時代の道を切り拓く神 猿田彦大神】

様々なことが起き、世界中が混乱し、まだ誰もこの一年、そして、それでも間もなく幕を開けようとしている新たなる一年。

これからの未来の指針を示すことの出来ていないその中で「200年に一度の大転換の時」を僕らは迎えるということで、それに即した神社はどこかと思い、調べて行き着いたのが、こちら。伊勢国一の宮・猿田彦大本宮《さるたひこだいほんぐう》 椿大神社《つばきおおかみやしろ》でした。

こちらの椿大神社の成り立ちは、社伝によると、垂仁天皇27年、倭姫命《やまとひめのみこと》（記紀に伝わる日本の皇族。第11代垂仁天皇の第四皇女で、天照大御神《あまてらすおおみかみ》を伊勢の地に祀ったとされている）に下った神託により、猿田彦大神のお墓の近くに、「道別大神《ちわけのおおかみ》の社」として社殿が造営されたのが始まりとされています。

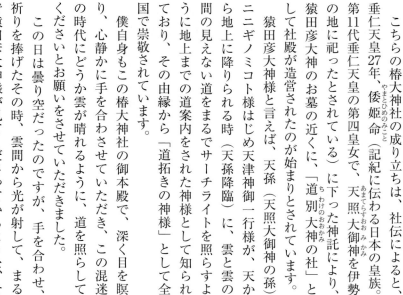

猿田彦大神様と言えば、天孫（天照大御神の孫ニニギノミコト様はじめ天津神御一行様が、天から地上に降りられる時（天孫降臨）に、雲と雲の間の見えない道をまるでサーチライトを照らすように地上までの道案内をされた神様として知られており、その由縁から「道拓きの神様」として全国で崇敬されています。

僕自身もこの椿大神社の御本殿で、深く目を瞑り、心静かに手を合わさせていただき、この混迷の時代にどうか雲が晴れるように、道を照らしてくださいとお願いをさせていただきました。

この日は曇り空だったのですが、手を合わせ、祈りを捧げたその時、雲間から光が射して、まるで猿田彦大神様が見てくださっているような、そんな温かい気持ちにさせていただきました。

【芸能の神 天之鈿女命】

そして参拝が終わり、御本殿を背にして少し左に行くと、そこには別宮として、猿田彦大神様の奥さんである天之鈿女命（アメノウズメノミコト）様が祀られている椿岸神社《つばききしじんじゃ》があります。

天之鈿女命様と言えば、「芸能の神」として有名で、数多くの芸能人や芸術家の方が崇敬していることは知られていることではありますが、これから迎えると言われている「風の時代」に於いて、僕は天之鈿女命様の力が大いに発揮される時代が来るのではないかと思っています。

先ほども申し上げたように、「風の時代」というのは、情報や知性、コミュニケーション、ネットワーク、IT、自由、個性、芸術、思想、哲学、文化といった、所謂、目には見えないものが評価される時代。

これだけ言えば、「ふ～ん。何となくそんな時代が来るんだね」ぐらいで終わってしまう話なのですが、もう少しそこの部分を深掘りして考えてみると、その「目には見えないものが評価される時代」というのは、具体的にどういう時代なのでしょうか？

そのことを考えた時に、一つの時代が思い浮かべられます。それは、江戸時代。

約270年という平和な時代が続いたあの時代。人々は長く続く平和の中で、あることを考えたと言います。それは、「人は何のために産まれてきたのか？」ということ。覇権を争う戦国時代の中では、人々は争い、その中で地位や名誉、勝利を得るために、火花を散らし続けました。その時代が終わりを迎え、長く続く泰平の世の中で、争うこともなく、日々は過ぎていくと、人は自らの命の意味を考えます。

そうして江戸時代の中で隆盛を誇ったのが、近松門左衛門の浄瑠璃をはじめとした演劇、歌舞伎、絵画や浮世絵、松尾芭蕉の『奥の細道』に代表される俳句といった文化。そして生まれたのが、「武士道とは死ぬことと見つけたり」の一節で有名な、佐賀鍋島藩の武士の行動規範を記した『葉隠』であり、そして何よりもこの時代には、今もその名を残す、荻生《おぎゅう》徂徠《そらい》、安藤昌益、本居宣長、平田篤胤、吉田松陰といった多くの思想家が生まれました。

この江戸時代を知ることこそが、僕はこれからの「風の時代」を生きる上での、一つのヒントになるのではないかと考えています。

【目には見えないものが評価される時代】

これまでの時代の中で、僕らは大なり小なり、目には見えるものを追い続けて生きてきました。そして確かに2000年初頭は、「ヒルズ族」や「勝ち組」、「億万長者」といったように、多くの物を持っている人が評価されてきたのも、一つの事実です。

しかし、実際にその時代が過ぎ去ってみると、そういったたくさんの物を持っているということが、決して幸せではないということに気付いたのも、また一つの事実です。

これからの時代の中で、世界的なコロナウイルス騒動を始めとして、これから先の世界がどうなるかは誰にもわかりません。しかし一つだけ言えることは、この混迷の時代の中だからこそ、僕らが「人は何のために産まれてきたのか？」ということを、今一度考え直したのもまた事実であります。

今この時代は、ITやAI、様々な情報ツールが発展し、誰もが好きなように自分のやりたいことや、作りたいものを発信できる土壌も仕上がってきました。そんな時代だからこそ、僕はかつての江戸時代のように、これからは再び「人は何のために産まれてきたのか？」ということを、それぞれが情報や知性、コミュニケーション、ネットワーク、IT、自由、個性、芸術、思想、哲学、文化といった、所謂「目には見えないもの」で表現し、またそれらが評価される時代がやって来ると思っています。

それが所謂これからやって来る、「風の時代」と言うものであり、その目には見えないものをそれぞれが良い形で表現できるように、そんな時代だからこそ、天之鈿女命様の力が大いに発揮されると思っています。

【令和2年の終わりに】

それぞれが様々な形で、本当に大変な一年だったと思います。

それでもどんなことでもそうですが、明けない夜はなく、また同時に人が怪我や病気をすると、身体は勝手に良くなろうとするように、この地球上で起きることもすべて良くなるためにしか起きないと言われています。

テレビや新聞、ネットの情報を見ていると、悲観的な未来を予測して発信している媒体もありますが、どんな未来も作り上げていくのも、選択するのも僕ら自身です。

「今年以上に大変なことはない」と、ある意味割り切って、強く前を向き、未来に向けて歩いていく。

コロナウイルス騒動も、この日本では世界的に見ても感染者数の推移が稀なように、この日本では八百万の神様が目には見えないところで護ってくださっています。

そのご加護に感謝して、より良い未来を共に作って参りましょう。

来年はもっと素晴らしい一年になりますように。

別宮椿岸神社（御祭神／天之鈿女命）。写真提供：別当美智子

写真上（左右）／別宮椿岸神社（御祭神／天之鈿女命）。写真提供：別当美智子
写真右下／椿岸神社横を流れる滝は、椿大神社のパワースポットと言われ、多くの参拝者がこの場所を訪れます。願い事をすると叶うということから「かなえ滝」の名が付けられました。写真提供：別当美智子
写真左下／椿大神社の参道には狛犬が多いことでも有名です。写真提供：前川朱美

「天之鈿女命様と言えば、『芸能の神』として有名で、数多くの芸能人や芸術家の方が崇敬していることは知られていることではありますが、これから迎えると言われている『風の時代』に於いて、僕は天之鈿女命様の力が大いに発揮される時代が来るのではないかと思っています。」荒川祐二

写真上／椿大神社の社殿。写真提供：前川朱美
写真右下／椿大神社の参道の狛犬。写真提供：前川朱美
写真左下／日本文化をこよなく愛した松下幸之助翁は、椿大神社の篤い崇敬者でもありました。幸之助翁が茶道の発展を祈念し、庭園とともに椿大神社に寄進された茶室「鈴松庵」。お抹茶と生菓子がいただけます。写真提供：別当美智子

伊勢国一の宮・猿田彦大本宮 椿大神社　御祭神／猿田彦大神

〒 519-0315 三重県鈴鹿市山本町 1871　電話 059-371-1515　FAX 059-371-1668

御本殿は、総檜の神明造りです。猿田彦大神をはじめ、天孫瓊々杵尊、栲幡千々姫命、木花咲耶姫命、天之鈿女命、行満大明神、合祀三十二神が祭られています。

清水祥彦（神田神社宮司）× 山崎敬子（民俗学者）
神社は不変なものではなく、常に進化していくもの

写真右から神田神社宮司・清水祥彦氏、民俗学者・山崎敬子先生。神田神社「文化交流館」にて。

清水祥彦（しみず・よしひこ）
昭和 35 年、東京都葛飾区生まれ。昭和 58 年、國學院大学卒業、鶴岡八幡宮に奉職。昭和 62 年、神田神社に奉職。平成 28 年、東京都神社庁副庁長。令和元年、神田神社宮司を拝命。

山崎敬子（やまさき・けいこ）
実践女子大学院文学研究科美術史学専攻修士課程卒。大学在学時から折口信夫の民俗芸能学を学び、全国の祭礼を見て歩く。有明教育芸術短期大学子ども教育学科非常勤講師（民俗学）や早稲田大学メディア文化研究所招聘研究員などを経て、現在は、玉川大学芸術学部パフォーミング・アーツ学科講師（民俗芸能論）ほか。また、民俗芸能を地域資産として活かすべく、神奈川県小田原市のまちづくり会社「合同会社まち元気おだわら」業務推進課長や（株）オマツリジャパンなどに所属し、地域活性に取り組んでいる。著書に『にっぽんオニ図鑑』（じゃこめてい出版）、共著に『メディアの将来像』（メディア文化研究所）がある。

新シリーズ「和合インターナショナル 和の心」では、神社を核とした観光、地域活性化等の、様々な日本再生の取り組みをご紹介していきます。記念すべき第一回目は、時代の最先端を歩み続ける神田神社（神田明神）・清水祥彦宮司と、民俗学の本道を歩みながら、地域に入ってまちづくりに取り組んでいる山崎敬子先生にご登場いただきました。山崎先生は、神社を活かした地域活性化こそが日本のあるべき姿と訴えます。コロナ禍を経て、神社やお祭りのあり方を語り合っていただきました。

神社は三世代の魂に刺さる空間

――「神社の本質というものを踏まえながら、神社界で一番チャレンジをされているのが神田明神さん」と皆さんおっしゃいます。まさに時代の最先端を走られている神田明神の清水祥彦宮司。

そして、やはり新たな様々なアプローチで地域活性化に取り組まれている、民俗学者の山崎敬子先生。お二方の意義ある取り組みについてお伺いしたいと思います。

山崎／令和2年11月に、次世代ゲーム機プレイステーションの宣伝イベントが神田明神さんで行われた際、「あれには感動しました」という学生たちの声をよく聞きました。また、私の姪っ子は、神田明神さんも舞台として登場する『ラブライブ』が好きで、「この神社に行けるよ」と言ったら、「行く！」と答えてくれるのです。その感覚はとても嬉しかった。

ゲーム『あつまれ どうぶつの森』（以下『あつ森』）では、コントローラーを持つ手が思わず震えました。ここでも神田明神さんが出てきたのですから。令和2年はコロナ禍でお祭りのない一年でしたが、『あつ森』ではお祭りができました。神田明神さん

江戸総鎮守 神田神社　〒101-0021 東京都千代田区外神田 2-16-2　電話 03-3254-0753　FAX 03-3255-8875
関東大震災で江戸時代の社殿が燃えてしまった時、二度と燃えない社殿を造りたいという氏子の想いから、当時最先端の鉄骨鉄筋コンクリートという建築様式で造られた社殿。

神田神社「文化交流館」。

「文化交流館」入り口の「えびす像」（少彦名命）。

次世代ゲーム機プレイステーションの宣伝イベント。

のところには屋台も出ており、完全にお祭り空間です。すごい取り組みだと思いました。

清水／ゲームというバーチャルな空間に、神田神社のお祭りの場をつくらせていただきました。やはり秋葉原の氏神様として、新しい世界に一歩踏み出す必要が神社にもあるのではないかと考えました。

　これから、どのように新しい文化や企業さんを受け入れて、神社という場をリノベーションしていくのか？「文化交流館」という名称の建物もつくりましたので、聖なる空間としてだけではなく、新旧文化と人の交流の場として、企業（ビジネスマン）や、老人から子供まで、すべての方々が生き生きと喜びを分かち合える場としても神社を再生していきたいと考えております。

山崎／『あつ森』で神田明神さんを見た幼稚園児が、「お爺ちゃん、これ見て！」と声をかけているのです。孫からお爺ちゃんへと繋がっている。やはり、文化を伝承していくには、親から子、子から孫へと、三世代が繋がっているのが本来あるべき姿です。それがちょうど今、神田明神さんの空間でも起きているのかなと思います。

　縁日イベント「江戸東京夜市」も、境内の夜の空間を開放してくださった素晴らしい取り組みだと思いました。いろんな店が出店していて、いろんな芸能もやっている。「きっと江戸時代はこうだったんだ」という気持ちにもなりました。神社さんですから、夜の空間であっても安心して子供たちも来れる。三世代で夜に遊べるというのは、やはり神社ならではだ、と思います。

　神社は、三世代の心に刺さる空間なのです。私は、神奈川県小田原市のまちづくり会社にも入っておりまして、7年間地域活性化に取り組んだ結果、新たに○○広場をつくるのではなく、神社と

「江戸の下町にあった神田明神は、様々な災害の中から、人々と共に立ち直る力と新しい文化を生み出す場となってきた神社の伝統があります。今もそのＤＮＡが非常に色濃く残っており、時代の困難を乗り越える度に、常に新しいことに挑戦してきました。神田明神のＤＮＡには、そのような仕組があるのではないか、と思っています」清水祥彦

いう空間を使うことが日本のあるべき姿という結論に至りました。

　誰もが来れる、誰もが居れる場所が神社なのです。そういう場所はありそうでいて、実は無く、本来の日本人の寄り合いの場だったのです。皆んな神社で打ち合わせをしては、田畑へ戻って仕事して、また何かあったら神社に集まってくる。そういう流れをつくってきたのが神社であって、今また新しいものを取り込みながら、神田明神さんが新たな神社文化をつくられているのだろうと思います。

江戸のＤＮＡを受け継ぐ神田明神

——新しい試みに対して、高齢の崇敬者や神社関係者の方々から様々な意見等も出てくると思います。そういうものをうまく調整して物事を進めていくには、宮司様として並々ならぬご苦労もあるかと思うのですが……。

清水／私自身はあくまで自然体でやっております。いつも要所要所でいろんな方々が助力してくださって、そのお力をいただき、神社が変化している状況です。当社が持つ伝統を踏まえつつ常に変化していく雰囲気が今、良い方向へと向かっているのでしょうか。

東洋大学国際観光学部の学生たちにオンラインで講演を行った神田神社・清水祥彦宮司。学生たちがこんなに喜んだ講演はないと大好評でした。

古式を大切にして、伝統文化をしっかり継承していくことが神社の第一原則として、継承されています。神宮では今でも毎朝、火をおこすのはライター等ではなく、火鑽りをくり返している。そのようなくり返しこそが、本来あるべき神社の姿なのかもしれません。

　しかし、江戸の下町にあった神田明神は、大地震や、大火や疫病と、さまざまな災害に遭う中で、常に変化を受け入れざるをえなかったのです。本来、社殿は木造であるべきものですが、関東大震災で江戸時代の社殿が燃えてしまった時、二度と燃えない社殿を造りたいという氏子の想いから、当時最先端の鉄骨鉄筋コンクリートという建築様式で伝統的な建築を再現することになりました。

　このように神田明神は、様々な災害の中から人々と共に立ち直る力と新しい文化を生み出す場となってきた神社の伝統があります。今もそのＤＮＡが非常に色濃く残っており、時代の困難を乗り越える度に、常に新しいことに挑戦してきました。神田明神のＤＮＡには、そのような仕組があるのではないか、と思っています。

　ですから、ゲーム等のサブカルチャーを含めて、これからはＩＣＴ（インフォメーション・アンド・コミュニケーション・テクノロジー）を用いて、どんどん活動をリノベーションしています。そして、それと共に多くの方々と交流を深め、新しい神社の役割というものを見直していかないといけないと思っています。

山崎／素晴らしいですね。革新なくして、伝統はありません。

　デジタルやＶＲ（バーチャルリアリティ）を新しい悪いものとして捉える神主さんもいらっしゃるのかもしれませんが、もともと電波はそこにあったものです。雷は神様として神社に祀られています。その雷を今の技術で変えただけのものがデジタルであり、ＶＲなのです。

　もともとあったもの、自然の中の力を技術によって人が使えるようになっただけの話で、否定するものではないと思います。神様は自然の象徴なのですから、むしろ使った方が神様と一緒にいることになるのではないでしょうか。

お祭りをオンラインで

——コロナ禍でお祭りが神事のみになる、というような状況です。山崎さんは新しいお祭りの様式を模索したいと、神田明神を拠点に配信された「オンライン夏祭り」にも参画されているそうですね。

山崎／このような企画ができたのも、神田明神さんのご理解があったからこそ、と思います。

2020定例コンサート「JAPON NEO SOUL 2020」神田明神ホールにて、
山崎敬子先生（左から二人目）の神楽歌奉納。

視聴者はパソコンから平均20分くらい見てくださっていて、YouTube配信で20分見てもらえるということはあまりないのです。皆さん、神社や日本文化に興味を持っていることがよく分かります。ただ、きっかけが無かったり、どこで教わればいいのか知らないだけで、もやもやしている段階にあることがこの20分という数字に表れたのだろうと思います。

オンライン
夏祭り
2020
「オンライン夏祭り」みんなで踊ろう！ 阿波踊り。

海外の方も見てくださったようで、ロシア大使館の方も見たとおしゃっていました。３００以上の媒体も取材に来まして、お祭りにそれほど取材が来るということもあまり無いのではないでしょうか。

また、ある旅行代理店さんとは、大阪天満宮の天神祭のオンラインツアーというものをやらせていただきました。私は解説をさせていただいたのですが、これも反響が大きかったです。

大阪天満宮さんが天神祭の神事をYouTube配信しましたので、それに合わせて街歩きとお祭りの解説をして、禰宜《ねぎ》さんにもコメントいただいて流しました。お客さんからは普段、会話することのない禰宜さんの話が聞けたと非常に好評でした。お祭りの時は人が多すぎて宮司さんの姿も見れません。「ああ、こういう方々がやっているのか」と大変喜ばれたのです。オンライン上で会話もでき、記念写真も撮れる。コロナ禍でオンラインだったからこそできた出会いでした。

祝詞《のりと》はどういうことを言っているのか知りたい、という声もありました。普段のお祭りでは神事の様子は見れませんから、やはり皆さん、非常に興味を持たれるのです。

そもそも、お祭りとは何なのか？ どうしてやっているのか？ 今、知りたいという気運が高まっていると、学生さんたちを見ていても感じます。

高度成長期でしたら、お金の方に関心が行ってしまい、多分、祝詞には興味を示さなかっただろうと思います。しかし今は、「自分って何だろう？」と考える時間ができています。どうして自分はこの国にいるのだろう？ と考え始めた20代の方々

「神社は、三世代の心に刺さる空間なのです。私は7年間地域活性化に取り組んだ結果、新たに〇〇広場をつくるのではなく、神社という空間を使うことが日本のあるべき姿という結論に至りました。誰もが来れる、誰もが居れる場所が神社なのです。そういう場所はありそうでいて、実は無く、本来の日本人の寄り合いの場だったのです」山崎敬子

オンラインツアー
大阪天満宮の団扇が届く！
天神祭
神事中継配信を鑑賞
と
西宮神社開門神事福男が紹介する
天神橋筋商店街の魅力
大阪天満宮の天神祭オンラインツアー。

に繋げていく場として、オンラインでのお祭りの企画や、ゲームの『あつ森』があったりするのだろうと思います。

清水／かつて柳田國男先生が、近代化の中で滅びゆく民俗を危惧され『遠野物語』を発表されました。今はちょうど次の危機を迎えているのかな、と思っています。アフターコロナの新しい時代を迎える危機にも、神社関係者は真剣に向き合わなければいけないと思います。

山崎先生には、ぜひ第二の柳田國男として、新しい神社文化のあり方をご提唱いただければと思います。山崎先生のような発想力と行動力を持った女性にこそ、まさに「妹《いも》の力」で新しい世界を切り開いていただきたいものです。

新しいお祭りが生まれる時

山崎／平安時代にも疫病が大流行したからこそ、祇園祭が今の形で民間に広がっていき、今や京都観光で一番の目玉となっています。ピンチな時こそ神社とお祭りを行ってきたのが日本であって、現在はまさにその時なのではないでしょうか。

年中行事の良いところは、今年のお祭りが終わったら「また、来年も！」と未来へと繋がっているところです。今回コロナ禍で皆んなが「お祭りを止めるわけにはいかない！」という共通の思いを持ちました。ただ舞台で踊りたいわけではなく、神社とお祭りがしたいのだ！　地域の皆んなで一緒にやりたいのだ！　という気持ちを再確認したと思います。

私は大学の授業で、いつも学生たちに話していたお祭りが全て中止になっていることを実感し、これはまさに日本の危機だと思いました。しかし、何もやってないわけではない、神事はちゃんとやっているのです。お祭りの根本にある一番大事な神事を今回、再認識された方も多いと思います。家内安全、五穀豊穣……、そういった日本人の共通のお願いごとを神様へ伝えてくださるのが、神主さんなのです。

その方たちを、このような時代だからこそ民間の私たちが支え、盛り上げていかなければいけません。これまでのシステムを再確認して、これから何ができるのかを、皆んなで共に考えていく時代なのだと思います。

清水／私共も、このコロナ禍の中、お正月の初詣と5月の神田祭に向けて、どうしたら氏子さんや崇敬者に元気を与えることができるだろう？　とずっと考えています。神田祭を中止することは簡単ですが、なんとか氏子に元気を与えて、神様の力を感じていただけるお祭りができないものかと考えています。もちろん、従来のように御神輿を100基くり出すのは感染症対策上、難しいでしょうし……。

しかし、何か新しい行動を起こして、人々を勇気付けることにチャレンジしたいというのが、当社の今の方針です。

山崎／祇園祭のようにきっと新しいお祭りが生まれるタイミングなのだな、としみじみ感じています。神田明神さんのチャレンジを楽しみにしております。

日本式で良い！

山崎／日本は良い神様が多い、悪い神様がほとんどいない国だ、と思っています。オニもそうで、そういうことを紹介したかったので『にっぽんオニ図鑑』をつくりました。

そのような多様性の象徴が、まさに神社さんだと思います。一神教の世界では「この神様しかいない」となるのですが、神社さんには摂社、末社を含め、いろんな神様が常にいらっしゃる。そこにはオニもいて、妖怪もいる。人間もそうで、外国の方も、子供も、大人も、皆んなが居られる場所が神社なのです。一番日本らしい空間なのだろうと思います。

これからは欧米型にこだわる必要はまったくなくて、日本式でもう一度リノベーションする時期ではないか、と思います。明治以降ずっと欧米型で来たけれど、本来の日本式に戻しても良いのではないでしょうか。海外のものも取り入れるけれど、やっぱり日本式で良いのだ、ということが今回のコロナ禍でより鮮明になったと思うのです。

そのための空間が神社なのだ、ということをしみじみと感じています。

清水／オニも含めてですが、多様性を持った日本の神々は可能性をたくさん持っていると思います。

アフターコロナで新しい社会が生まれていく中、企業や女性の発想や力をいただきながら今一度、神社の場として価値をリノベーションできればいいなと感じています。伝統や神社というものは、決して不変なものではなく、常に変化していくものだと思います。

『にっぽんオニ図鑑』
ぶん／山崎敬子
え／スズキテツコ
発行／じゃこめてい出版
価格／1,300円＋税

令和元年５月の神田祭。

「コロナ禍で皆んなが『お祭りを止めるわけにはいかない！』という共通の思いを持ちました。ただ舞台で踊りたいわけではなく、神社とお祭りがしたいのだ！　地域の皆んなで一緒にやりたいのだ！　という気持ちを再確認したと思います」山崎敬子

暮らしの中に神棚を
第 38 回

神話の中に答えがある！

現代社会の中で失われつつある、神棚に象徴される日本文化をどうやって取り戻していけばいいのか？
それがこの対談シリーズのテーマです。
今回は、第二十九代欽明天皇《きんめいてんのう》が「和合」を託した関東の古社・稲毛神社の市川緋佐麿宮司、市川和裕禰宜のお二人に、神話に託された現代に通じる知恵や、現代の日本に横たわる大きな問題についてお伺いしました。

稲毛神社
〒 210-0004　神奈川県川崎市川崎区宮本町 7-7
電話 044-222-4554　FAX 044-245-2003

市川緋佐麿（いちかわ・ひさまろ）

（稲毛神社宮司）

昭和 17 年神奈川県川崎市・稲毛神社の社家に生まれる。國學院大學神道学専攻科修了後、稲毛神社に奉職。平成 3 年稲毛神社宮司を拝命。

市川和裕（いちかわ・かずひろ）

（稲毛神社禰宜）

昭和 46 年神奈川県川崎市・稲毛神社の社家に生まれる。國學院大學神道学専攻科修了後、鶴岡八幡宮奉職。平成 17 年鶴岡八幡宮を退職し、稲毛神社へ奉職。

写真左から、稲毛神社・市川緋佐麿宮司、窪寺伸浩氏、市川和裕禰宜。稲毛神社の御本殿の前で。「令和の御大典記念事業」として復元された、欽明天皇が奉った勅幣七串を神前に立てて御祈願をすると「和」と「勝」の御神徳があるということです。背後の御本殿の扉は、窪寺氏が御奉納した古木で作られたものです。

「和」と「勝」の御神徳

窪寺　今から8年前、私が「神棚マイスター」として初めて講演させていただいたのが稲毛神社様です。今ではいろんな神社様からお呼びもかかるようになり、靖国神社様では3年続けて子供たちの神棚作り教室を開催しました。このような流れも、講演活動の口火を切らせてくださった稲毛神社様のおかげです。私にとってはラッキー神社なのです。

また、本業の材木屋としても、樹齢一千年くらいの古木を御奉納させていただきました。御本殿の扉として使っていただき、大変名誉なことだと感謝しております。

まずは最初に宮司様から、稲毛神社様の御由来をお伺いさせていただければ、と思います。

宮司　かつては、古文書や天皇様の御宸筆《ごしんぴつ》、武具甲冑等が一間《いっけん》（1・81メートル）の押入れに一杯程度にはあったそうですが、残念ながら戦時中の大空襲で社殿、社務所と共に全て燃えてしまいました。川崎周辺の地域史に纏わる史料は、大正時代の関東大震災と先の大戦の空襲でその大半が失われたと見られておりますので、稲毛神社の古代の歴史はほとんど残っていないというのが実情です。

窪寺伸浩（くぼでら・のぶひろ）

（神棚マイスター・クボデラ代表取締役）

昭和 36 年東京都生まれ。東洋大学文学部卒。昭和 21 年創業の老舗木材問屋の三男として生まれ、神棚マイスターとして、神棚の販売を通じて神棚の大切さとその存在意義を普及する活動を行い、様々な企業の朝礼で神棚の祀り方などをアドバイスしている。「木を哲学する企業」を名乗るクボデラ（株）代表取締役社長。東京神棚神具事業協同組合理事長。著書に『なぜ、成功する人は神棚と神社を大切にするのか ?』（あさ出版）、『幸せを呼ぶ「住まい」づくり』（アートデイズ）がある。

そのような中で、大正時代に書かれた川崎の歴史の書物に、かつて稲毛神社は武蔵と相模の境の八坂峠にあって八坂神社と呼ばれていたこと、第十二代景行天皇《けいこうてんのう》が東国御巡遊のおり、当社に祀られている武甕槌神《たけみかづちのかみ》の御神威によって賊難を避けられたこと、平安時代の末頃にこの地（川崎市川崎区宮本町）へ遷ってきたのではないか、ということ等が記されていたと伝えられております。

また、その他に第二十九代欽明《きんめい》天皇《てんのう》の御代に勅幣《ちょくへい》七串を奉ったという言い伝えもあります。当時の東国には賊が多く、平定するために何度となく軍が向けられていました。稲毛神社は武甕槌神社と呼ばれていたようで、武芸に優れている武甕槌神が御祭神ですから、その度に戦勝祈願が行われていたようですが、ある時、欽明天皇がお祈りを捧げていると、「勝つことばかり祈っていては真の平定は成し得ない。どのような国を創るかを強く思い描き、勝った後には相手と和睦をして、力を合わせて立派な日本の国を創り上げていく、そのような精神が欠けているではないか」という御神託を受けられました。

そこで欽明天皇は、武甕槌神だけではなく、新たに伊弉諾神《いざなぎのかみ》と伊《い》弉冉神《ざなみのかみ》、菊理媛神《くくりひめのかみ》、経津主神《ふつぬしのかみ》をお祀りされます。夫婦お二人で大事業をなさった伊弉諾神と伊弉冉神。伊弉諾神と伊弉冉神が仲違いをされた時、間に入って納められた菊理媛神。そのような「和」の御神徳を得て、戦勝とその後の親和協力を祈られたのです。それ以後、長く当社は勅願所《ちょくがんしょ》であったと伝えられています。

欽明天皇が奉ったこの勅幣七串は、古式を伝える宮座式という神事とそれに続く神幸祭で重要な役割を果たしておりましたが、惜しくも戦火により焼失し、戦後は簡易なものを代用しておりました。ですからこの度、「令和の御大典記念事業」の一つとして、その勅幣七串を復元させていただきました。

窪寺　素晴らしい神話をお持ちなのですね。

まさに現代社会にも通じることだ、と思います。現在、国家の代表も、人々も皆んな勝つことしか頭にないようで、いろんなところで分断が起こってしまっています。「和」ということを皆んなが、分かっているようで分からなくなってしまった、と感じます。

宮司　こちらの本も『和合』ですから、取材のお話を伺った時、神様のお導きかと思いました。

「令和の御大典記念事業」の一つとして、復元された欽明天皇が奉った勅幣七串。

十八代の歴史

窪寺　稲毛神社の「稲毛」はどうして付いたのでしょう?

市川禰宜　そもそもは地名、そして地名の由来は人名なのです。この一帯は稲毛氏が治めていたことから「稲毛荘」と呼ばれ、そこから稲毛神社と称するようになったということです。（ただし、この地まではそう呼ばれていなかった、という学説もあります。）

江戸時代まで、稲毛神社は「武甕槌宮」や「山王宮」「山王社」などと呼ばれていました。しかし、「山王」とはいわゆる神仏習合に由来する名前で、明治の政策である神仏分離令で相応しくないということになり、有栖川宮熾仁親王殿下《ありすがわのみやたるひとしんのうでんか》が「稲毛神社にせよ」とおっしゃったのだということです。

窪寺　稲毛神社様の有名なお祭りは今でも「山王祭」ですが、昔のままの名前を受け継いでいるのですね。

宮司　明治になるとすぐに他のお宮やお寺は神仏分離で新しい体制を整えたのですが、当社が稲毛神社に名前が定着した時は、すでに明治22年にもなっていました。ですから、稲毛神社がその辺りをどのようにしていたのか、実はよく分からないのです。

窪寺　市川家は、稲毛神社の社家として何代続いているのでしょう。

宮司　私が神主になると決めた際、先代の祖母から「お前は十八代だよ」と言われました。その証拠なるような系図が残されているわけ

稲毛神社・市川緋佐麿宮司。

今の日本で一番問題なことは、働くことに対する日本人の感覚の変化です。

日本人はもともと働くことが「好き」とは言わないまでも、肯定的でした。記紀神話では天照大御神様が田植えをしたり機織りしたりして働いています。働くことは、神様と同じことができる、という喜びだったはずなのです。

ではないのですが……。

戦時中、私の祖父は多くの方々から「神主さん、そろそろお宮も疎開しないと、良いものがみんなやられてしまって大変ですよ」と言われたようです。当時はお宮やお寺もずいぶん疎開しています。しかし、祖父は頑として「氏神様が氏子を捨てて疎開するなんて、どういう了見で言っているのだ」とまったく聞かなかったといいます。それで、すっかりきれいに燃えてしまったのです。

窪寺　素晴らしいお考えを貫かれた先々代ですね！

まさに神社は、その場所こそが御神域です。例えば大神神社《おおみわじんじゃ》でしたら御神体が三輪山《みわやま》であったりと、その地に神様が宿る、という日本人の信仰が古くからあります。そのような考え方で町の中にも神社が増えていったと思うのです。それを地域ごとに氏神様としてお祀りしてきたのが神主さんたちであり、氏子である地域の人々なのです。

ところが今、コロナ禍によりお祭りができなくなり、お宮参りや正式参拝が激減したり、参拝者も少なくなったと伺っています。神社にとっては大変な状況で、これまでは邪道とされていた、リモート参拝とか、お札の通販とか、そのような議論を青年神職の方々もされているようですね。稲毛神社様ではどのようにお考えですか？

市川禰宜　参拝というのは、やはり神社へ来ることが原則なのだと思います。しかし、病気で寝たきりだったり、足が悪かったり、外国にいたりとか、どうしても来られない事情がある方もいるでしょう。そういう方々にはリモート参拝も一つの選択肢かもしれません。

しかし、一旦それを始めてしまうと、普通の人までがその方が楽だからということになってしまう。そうなったら、何十年か先にはリモート参拝を含めても神社へ参拝する人は確実に少なくなるでしょう。『御成敗式目《ごせいばいしきもく》』にも記されているように「神は人の敬いにより威を増す」訳ですから、それは望ましい状況である訳がありません。参拝とは原則的に物理的に神社に行って行うべきこと、その感覚を技術が発達した時代にどこまで持てるのか、難しい課題だと思います。

現代社会の諸悪の根源は？

市川禰宜　私が今、日本で一番問題だと思っていることは、働くことに対する日本人の感覚の変化です。諸悪の根源だと思っています。

窪寺　同感ですね。

市川禰宜　日本人はもともと働くことが「好き」とは言わないまでも肯定的でした。記紀神話では天照大御神《あまてらすおおみかみ》様が田植えをしたり機織りしたりして働いています。多少綺麗事を交えて言えば、働くことは、神様と同じことができる、という喜びだったはずなのです。働くことの中に喜びや生き甲斐を見い出し、少しでも良いものを作ろうとする動機付けが神話の中にあったことで、農作物にしても、

樹齢１千年と推定される御神木の大銀杏。稲毛神社が当地の古社であることが分かります。

伝統工芸品にしても、機械製品にしても、その成果物の質が少しずつ高くなっていったと思うのです。

一方、欧米人にとって、働くことは罰です。アダムとイブが知恵の木の実を食べたことにより楽園を追放され、罰として男は額に汗して働かなければならない、ということになったわけです。ですから、働くことは悪いことであり、働かない方がいいのです。

神様が七日目に休んだという神話に倣って日曜日が休日になるのですが、休んでいる時が「ホーリー（聖なる）デイ（日）」、それが縮まってホリデーなのです。休みの日の方が人間としてあるべき姿だという、日本とはまったく逆の発想です。だから、三ヶ月でも四ヶ月でも一年でも、休む時は平気で休める。

しかし、だからといって欧米人が働かないわけではありません。欧米人は休むために、働く時は熱心に働きます。ある時には、一気に技術変革をすることで、それまで行っていた仕事が必要なくなったりします。日本人は仕事を継続するための「改善」を重ねますが、欧米人は仕事をしないために「革命」を目指します。

その辺を見極めずに形だけ欧米人の真似をして、日本人も休むため働くという風潮になってきています。もともと日本人は農耕民族的な気質ですから、ゆったりと、悪く言えばだらだら働きつつ、少しずつ質を良くしていく。対して狩猟民族的な欧米人は、だらだら働くと食べるものが無くなる、もっと言えば狩猟の途中で反撃を受けて死んでしまいますので、働く時はびしっと働く。

今の日本は、働くことに対する罪悪感だけを受け容れ、農耕民的なだらだらする働き方を残し、さらに休みを増やしているという状況ですから、生産性は落ちるに決まっています。負けてしまうのです。

窪寺　私は子供の時、明治生まれの祖父に「働くとは、傍《はた》を楽にすることです」とよく教えられました。やはり人を楽にさせること、働けることの喜びというものがある。そして、働くことの結果として富んだ訳です。皆んなで繁栄したのです。

どうして今でも世界のどこかで戦争が起きているかというと、やはり貧しいからです。働けない人たち、仕事の無い人たちがたくさんいるからこそ、いろんな問題が起きているのです。

働けるということは素晴らしいことです。昭和一桁の生まれの父からも、働くことが悪いことだと教えられことは一度もありません。ずっと働くことは良いことだと教えられてきました。

市川禰宜　本来、それが日本人の感覚であり、神話にも根ざしたものです。働き方改革とは、いわば宗教的な価値観の転換でもあるのに、そこまで考えている人はいないのです。

国を守るということが、日本人には分かっていない

窪寺　少子高齢化で日本人が減っていき、国際化していく流れの中で、外国人も日本人と同じように日本に住んでもらわなければいけない時代が来ると思います。奈良時代も、平安時代も、国を発展させるため帰化人を入れていた時代がありました。奈良時代が第一の開国、戦国時代が第二、明治時代が第三として、今は第四の新たな開国の流れで、その中で神道にはどういう使命があるのか？　ということを最近よく考えています。

市川禰宜　不可逆的に進む国際化の中で、移民の是非等をはじめとする多くの課題がありますが、経済効率だけで移民を受け入れることには懸念があります。現在の世界では、国家という枠組を超えることは現実的ではありませんので、国を守るための確固たる哲学や、見識や、覚悟が必要だと思います。

移民問題については、移民の人々が外国人として暮らすのか、日本人となって暮らすのか、そこに差はあって当然だと考えます。外国人のまま日本に暮らすことを選択する移民の人々に全ての権利を与えることは危険だと思いますが、そう考えない日本人は多いようです。

日本の国にいるからには皆んな、日本の国の発展を目指してもらわないと困るとまでは言いませんが、少なくとも害をもたらしたり、仇なすようでは困ります。

窪寺　例えば、戦前から日本人はたくさん南米やハワイ、アメリカ等へ移住しています。だけど、今では先祖が日本人だっただけで、日本語も、日本文化も忘れてしまっている。ペルーのフジモリさんも二世ですが、日本語はしゃべれない。それくらい日本人は同化し過ぎてしまうのです。

他の国では考えられない。台湾人でも、中国人でも、どこへ行っても自国の文化は必ず守っています。しかし、日本では国内でさえ、自国の文化がどんどん失われています。ですから、そういう面でもこれから神道の役割、伝統宗教の役割がすごくあると思うのです。

市川禰宜　よく言われる「世界市民」みたいなものは、今後の世界

今は、国家という枠組を超えることは現実的ではありません。

稲毛神社の拝殿。

では達成されるのかもしれませんが、今の世界では幻想でしかありません。移民や、グローバル化を受け入れるのも結構ですし、新しい技術を積極的に使っても良いでしょう。しかし、今の世界の限界というものをしっかり把握し、現実的に進めていかないといけないと思います。

窪寺　そういう意味では、今回のコロナ禍がグローバル化とか、世界市民とか、そういった幻想をストップさせ、あらためて日本国内の労働環境を整えることに意識を向けさせています。

マスク一つとっても、ほとんどが輸入品だったのです。環境問題で自然エネルギーの利用が叫ばれていますが、太陽光発電のパネルにしてもほとんどが中国製です。日本人が国内だけで何かやろうと思っても、何もできなくなっているのです。

市川禰宜　私が昔から心配しているのが食料問題です。自国民を食べさせていけるだけの食料を自給出来ていないことは根本的にダメなことだと思います。

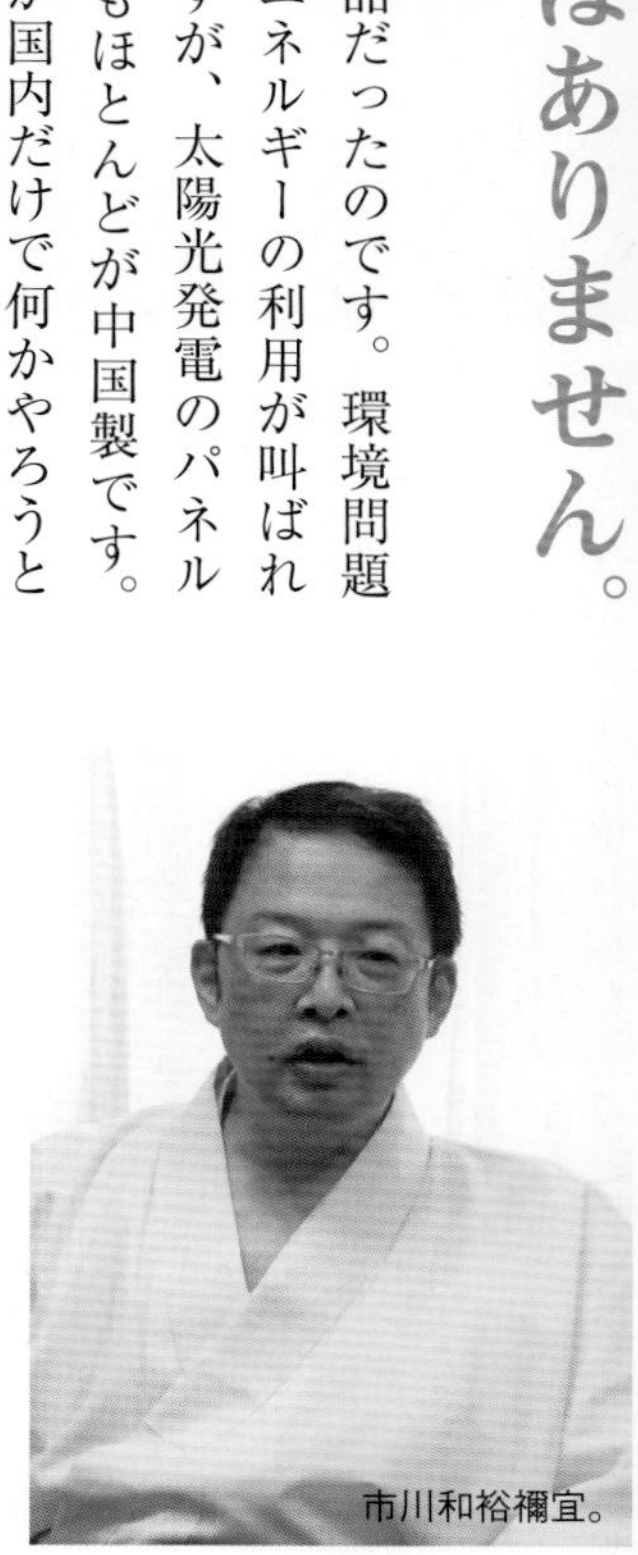
市川和裕禰宜。

窪寺　今、どんどん土地も中国人に買われています。この前は住友不動産販売が日本経済新聞の折り込みで「一案件30億で物件を探していますから売ってください。中国の不動産会社が求めています。秘密は守ります」と広告を出しているのです。日本有数の不動産会社が、そういうことを堂々と書いていることに驚きました。

市川禰宜　外国人に国土を売るのは日本人くらいと聞いています。戦争に負けてから、GHQの目論見通りに、精神的なバックボーンも、気概も、感性も、知識も無くなっているような気がします。

窪寺　これからもう一度、取り戻していかなければなりませんね。そのために、これからも同志として共に活動していきましょう。よろしくお願いいたします。

「今だからこそ、神頼み」ということを発信する！

神棚マイスター・窪寺伸浩氏プロデュースのYouTube「神棚チャンネル」が、パワーアップを図り、神棚ガールズを登場させました。一人目の神棚ガールがタレントでアートも手がけるはらぺこうららさん、21歳。動画を編集するのは宮大工の金田優氏。若い人たちによる新鮮な企画がスタートしました。

YouTube「神棚チャンネル」、神棚ガールズと神棚マイスター・窪寺伸浩氏の撮影の様子。

神社の応援団です

プロデュース・窪寺伸浩（神棚マイスター）

どうして神棚ガールズをYouTubeでやろうと思ったか？ それは神社に参拝するという文化を廃れさせないためです。それを最終目的としています。

今、コロナ禍で神社には参拝できず、お祭りもご神事のみという状況です。リモート参拝というものも流行りつつあるらしいのですが、やはり神社という場へ行き、神様と出会い、気づきを得るというのが、本来の神社参拝だと思います。

それができにくくなった代わりと言っては何ですが、自分の家に神棚をお祀りし、自分の家で参拝すると良いと思うのです。神社のミニチュアが神棚なのですから。このような時だからこそ神頼みをするために、神棚参拝をご紹介し、神社にも参拝する文化を継承していくようにするのが目的です。

神社の応援団というイメージでやっていきたいですね。

神社に来てもらうため、大阪の道明寺天満宮は「寺子屋」ではなく「宮子屋」を、東京では浅草神社が「社《やしろ》子屋《こや》」というものを行っています。例えば神棚をつくるとか、和紙で何かをつくるとか、神社で「和」の文化を皆んなで学びながら、コミュニティをつくっていこうと取り組まれています。

地方の神社でも、氏子さんたちがだんだん減っているという状況があります。ですから、これから地域の共同体として、神社と地域の方々との新しい関係をつくっていくことが重要になってきます。

毎年、神社で新しいご神札をいただいて、神棚にお祀りし、新年を迎えるというサイクルを皆んなが人生に取り入れること。そして「人生儀礼」

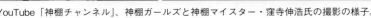

というものをもう一度、日本人が見直していくことが大切なのではないでしょうか。

若い世代にも神棚を！

映像編集・金田優（宮大工）

窪寺社長から相談を受けた時、これは面白いことができると思いました。今やYouTubeは誰もが見ている、テレビを超えたメディアになっています。

神社さんだけでは情報発信できないというところもあったり、神主さんがやるのはなかなか難しいこともあると思うのですが、神社の外にいる窪寺社長でしたら自由な情報発信ができると思うのです。

今の人たちにも楽しんで見てもらえるような企画として、神棚ガールはすごく良い取り組みになると思います。

神棚ガール・はらぺこうらら（タレント）

最初にこの話を伺った時は「神棚」が読めなくて、いったい何の話だろう？　というくらい、神棚が身近になかったのです。

でも、若い世代の友人たちもそうだし、神棚の存在を身近に感じてない人たちの代表として、その価値観から意見していけたら新しい見方もできるのでは、と思いました。詳しい人たちには無い観点から、神棚を紹介できたらいいなと思っています。

神棚ガール・めぐむ（タレント）

二、三年前から神様に興味を持ち始めて、神様のことは大好きなのです。

ただ、今住んでいる家が狭いので、神棚をどう祀ろうかな？　と思っています。とりあえず、棚に神棚は作ったのですが、木のしっかりしたものではないので……。

神棚ガールをやることで、神棚についての昔からの考え方だったりとか、木にも神様が宿るということを知ることができました。こういった機会ができて嬉しい、というのが率直な感想です。

例えば、神田神社さんでは「神主さん体験」とか企画されていて、行こうかなとは思ったのです。神職の方々のお勤めを身をもって体験することによって、よりありがたみを持って神社へ参拝できるようになるでしょう。そういった様々なきっかけ作りを神田神社さんはされています。そのような取り組みをしておられる方々とも、この企画でご一緒できれば良いなと思います。

写真左から、映像編集・金田優氏（宮大工）、神棚ガール・めぐむさん（タレント）、プロデュース・窪寺伸浩（神棚マイスター）、神棚ガール・はらぺこうららさん（タレント）。

お問い合せ先／
●クボデラ株式会社
〒165-0027　東京都中野区野方4-44-10 マンションカノォプス4F
電話 03-3386-1164　メールアドレス info@kubodera.jp
●一般社団法人宮大工養成塾　金田優
〒582-0026　大阪府柏原市旭ヶ丘3-1-40
電話 072-977-4699　FAX 072-921-8398

「小鼓で能の世界へ！」

取材協力／太子堂八幡神社、和文化普及協会

子供の教育に、日本の伝統文化は非常に適しています。なぜなら、人としての「道」も教えてくれるからです。そして、伝統文化には、やはり神社という舞台がよく似合うのです。

太子堂八幡神社での、午前の子供たちの「小鼓」奉納演奏。

太子堂八幡神社での伝統文化親子教室事業「小鼓で能の世界へ！」の最終日の奉納演奏、午後の部の様子。講師は能楽師・清水和音氏。

東京・世田谷に鎮座する太子堂八幡神社にて、文化庁の伝統文化親子教室事業の一環として行われた「小鼓《こつづみ》で能の世界へ！」（主催／和文化普及協会）を取材しました。

伝統楽器「小鼓」は一説では大陸から伝えられたとされており、日本の四季の移り変わりに添えるように長い年月をかけて今の形になったと言われています。「能」では、能管《のうかん》、大鼓《おおつづみ》、太鼓とともに、四《し》拍子《びょうし》と呼ばれる囃子《はやし》の楽器として定着しています。

この小鼓の体験教室が、小中学生とその保護者を対象に6日間にわたって、こちらの神社で行われたのです。取材当日は最終日、子供たちの神様への発表会でした。

新型コロナウイルスの感染対策で密を避けるため、奉納演奏は午前と午後に分けて行われました。子供たちは、講師である能楽師・清水和音《かずと》氏の明朗かつ子供に寄り添った指導のもと、念入りに最終練習を行ったうえ、社殿で立派に奉納演奏を勤めたのです。

奉納演奏の後、「神様もとてもお喜びになりました」と畑中一彦宮司は子供たちに伝えていました。「皆さんには聞こえなかったかもしれませんが、神様の喜ぶ拍手も聞こえました。神様がお喜びになったということは、皆さんを好ましく思ってもらえますし、好きになってもらえば守ってもらえます」

神様のもとで

今回取材を通して、子供たちの教育には日本の伝統文化が非常に適している、ということもよく分かりました。礼に始まり礼に終わる、技術を伝えていく中で、人としての「道」も説いていく、日本の伝

統文化の素晴らしさをあらためて実感しました。

もちろん、講師の清水氏の教えが素晴らしいということもあるでしょう。小鼓を演奏する技術だけでなく、大きな声で挨拶をすること、両親に感謝すること、小鼓という楽器にも感謝すること等をしっかり教えているのです。学力優先の、現代の学校教育ではおざなりにされがちなのが、人としての基本的な心構えでしょう。

畑中宮司も子供たちに語りました。

「みなさんは、これから多くの外国人と接することになると思います。そうした時に大事なことは、自分が日本人であると誇りを持って、外国の方々と接するということです。

この教室では、昔から伝えられている日本の大事な伝統文化の能楽の鼓という楽器を習いました。それによって日本人らしさが一つ加わったと感じられることと思います。また、神社では神様に対する作法も学びました。この雰囲気の中で今まで経験しなかったことをたくさんしたと思います。それは、これからの人生において大きな意味が出てくることでしょう。

学校や家庭の中でもいろんなことを学びます。友達と遊ぶだけでも知らないことを学べるのです。習うということは積み重ねで、どんどん重ねることによって、習ったことが身についていきます。これはミルフィーユというお菓子と同じで、重ねれば重ねるほど、そのお菓子は美味しくなります。

言葉ではなく、感じるということが非常に大事なのです。心地良く感じる。美味しく感じる。

みなさんには、もっともっと日本のことを知ってもらいたいと思います」

奉納演奏が行われた社殿には、清らかで、なんとも心地良い空気が漂っていました。

太子堂八幡神社は、東京の知られざる聖地ともいえる地です。御本殿の脇の御神木には龍神様もいらっしゃるそうで、「おそらく地下に水脈があるのでしょうね」とは畑中宮司。

神様への奉納演奏が終わった後、子供たちは境内の御神木にも感謝を捧げました。その姿はほっとしつつも、どこか誇らしげでした。

平成14年から始められた、文化庁のこの伝統文化子供教室事業は、本来公民館や使用料の安い公共施設で行うように指導されているとのことです。しかし、やはり日本の伝統文化には神社がよく似合います。

写真上／太子堂八幡神社の御神木の前で記念撮影。　写真下／太子堂八幡神社の鳥居。

子供たちに語る太子堂八幡神社・畑中一彦宮司。

太子堂八幡神社

〒154-0004　東京都世田谷区太子堂 5-23-5　電話 03-3411-0753　FAX 03-3419-4976

御祭神／誉田別尊（ほむたわけのみこと）＝第 15 代 応神天皇（おうじんてんのう）

「昭和 13 年に完成した社殿もすべて木と天然素材でできています。だから、とても心地良く、自然と一体になるのです」とは畑中一彦宮司。

神々の輪

平松神社

人々の範となる武士《もののふ》を祀る

天下人が唯一《ゆいいつ》認めた戦国武将・島津歳久《としひさ》公と、殉死した二十七人の家臣たちを祀っている平松神社。御祭神の碧空巌岳彦命《あおぞらいずたけひこのみこと》（歳久公）は「勝負の神」なのに「安産の神」でもあるという、なんとも大らかな、日本人らしい信仰が伝えられています。

島津歳久と「心岳寺《しんがくじ》詣《まい》り」

天正二十（一五九二）年七月十八日。薩摩、島津氏の十五代当主・貴久の三男である歳久と付き従う二十七人の家臣は、討手から逃れて小舟で鹿児島湾を北上しましたが、歳久は退路が全て絶たれていることを知り、険しい山が迫る西の海岸に上陸し、陣を構えました。

時の当主で兄の差し向けた海上の討手と対峙しますが、主君の弟である歳久に手を出せずにいました。

すでに自害の覚悟を決めていた歳久は切腹を試みます。ところが体は歩くことも困難なほど中風に冒されており、刀を握ることもできません。歳久は傍にあった石を懐刀と見立て形ばかりの所作をし、家臣に首を打たせました。五十六歳でした。

歳久と、追腹を切った二十七人の家臣たちは現在、この最期の地に建つ平松神社（鹿児島市吉野町）に御祭神として祀られています。

義久、義弘、歳久、家久の四兄弟の中でも歳久は特に知恵に優れ、父や兄を助けて合戦でも活躍し、島津家繁栄の礎《いしずえ》となりました。

天正十五年、九州征伐を進める豊臣秀吉が薩摩に迫ると、歳久は「農民から身を興した秀吉は只者ではない」と兄弟の中で唯一、和平を唱えましたが、島津は合戦に臨みます。

戦力の差は圧倒的で家中は次第に和睦に傾きましたが、歳久は「和睦にも時があり、今はその時ではない」と徹底抗戦を訴え、兄たちが降伏した後も戦い続けます。

その後、矛を収めはしても結局、歳久だけは秀吉に謁見せず、自ら降伏の意を示すこともありませんでした。

秀吉の器量を認めて和平を唱えた歳久が徹底抗戦に転じたのは、この合戦で婿養子の忠隣が討ち死にしたためか、和睦の有利な条件を引き出すためか、現在も謎とされています。

天正二十（文禄元）年からの朝鮮出兵「文禄の役」では、歳久は病気を理由に秀吉の出陣の命に従いませんでした。熊本では島津の家臣が謀反を企て、歳久の家臣が多く加わっていたことから、秀吉は歳久の策謀によるものとみて激怒し、義久に歳久の首の献上を命じたのです。

歳久の御首は名護屋城（佐賀県唐津市）の秀吉のもとに送られて検分された後、京の一条戻橋にさらされましたが、島津の家臣が盗み取って浄福寺（京都市）に埋葬しました。遺体は総禅寺（鹿児島県姶良《あいら》市）に葬られ、秀吉の死後の慶長四（一五九九）年には義久によって、菩提を弔うために自刃の地に心岳寺が建てられました。

天下人にも決して屈することな

深結（Myu）（島根県遣島使・出雲観光大使）

祈り歌を歌うヒーリングシンガー。世界各国で日本文化を紹介し、日本の歌を歌う。これまでイラクの子供達との共同制作音楽、アジアでの国交樹立式典、インド世界遺産の地やバチカン市国、日本・オーストリア友好150年記念などや出雲大社天皇陛下誕生を祝う式典、出雲大社平成の大遷宮など各地の神社仏閣で歌唱。また、神話ツアーや神話読みがたり、日本神話を歌にして世界に発信する活動を行う。

著書に『神様を味方につけて幸せになる本』（ワニブックス）。

HP：http://myuchans.net 君が代を国内や世界各国で歌唱。

東京オリンピックパラリンピックで国歌斉唱を歌う応援実行委員会が発足し活動中。kimigayogorin@gmail.com

出雲大社にて。

写真右上／平松神社の鳥居。手前を JR 日豊本線が横切っています。
写真左上／平松神社の見事な石垣。自然石のまま組む「野面積み」です。
写真右下／平松神社の社殿。
写真左中／鳥居から 30 メートルほどの階段を昇ると社殿があります。
写真左下／平松神社の御朱印。

平松神社
〒 892-0871　鹿児島県鹿児島市吉野町 10691

かった歳久の生き様は薩摩藩士の崇拝を集め、命日に参拝する「心岳寺詣り」が盛んに行われました。島津氏中興の祖といわれる歳久の祖父・忠良の菩提寺・日新寺（南さつま市）に参る「加世田詣り」と、関ヶ原の戦いで敵中突破して脱出した兄の義弘の菩提寺・妙円寺（日置市）へ鹿児島城下から往復四十キロの道のりを甲冑を着て歩いて参拝する「妙円寺詣り」とともに、「三大詣り」の一つとして武士たちによって受け継がれました。

明治二（一八六九）年になると、当時の施策により鹿児島県内のお寺は神社に改称し、心岳寺（現・平松神社）も例外なく神社となりましたが、現在も心岳寺時代と同様、島津歳久公を大切に御守りしております。

前述の日新寺は竹田神社、妙円寺は徳重神社《とくしげじんじゃ》となり、妙円寺は近隣の地に再興しております。

「勝負の神」なのに「安産の神」？

平松神社は鹿児島湾に面し、背後は険しい山になっています。薩摩半島と大隅半島に囲まれた鹿児島湾の、桜島北側にあたる湾奥部は直径約二十キロの巨大な「姶良《あいら》カルデラ」を形成しています。

シラス台地が陥没したカルデラの西側は、標高百五十～三百五十メートルの崖が屏風のように海に迫る地形が十キロ以上に渡って続きます。平松神社はその屏風の中程の海に面した崖下に位置しています。

崖が海に迫っているため、明治に入って現在の国道十号線にあたる道が海岸沿いに通るまでは、お詣りは神社前にあった桟橋まで船で渡るか、裏の崖上から下るかしかありませんでした。

薩摩武士によって大切に受け継がれた「心岳寺詣り」は、武士としての通過儀礼に近いものだったのかもしれません。

道路に並んで山側に数メートルの土手が築かれて線路が引かれ、明治三四（一九〇一）年に宮崎方面から鹿児島駅まで通じる国鉄・日豊本線が開通しました。

平松神社へは従来は桟橋から参道が続いていましたが、階段で土手を登り、踏切のない線路を越えたすぐ先に鳥居があるという珍しい姿となって現在に至ります。

平松神社となってからも「心岳寺詣り」の賑わいは続きました。「勝負の神」として崇められたほか、歳久自刃の折、石で割腹しようと試みた際、「女もさぞかし出産の際に苦しむのであろう。死後は女の苦しみを救ってやろう」と言ったと伝えられており、いつからか「安産の神」としても信仰され、「お石さま」と呼ばれて親しまれてきました。

祈願された石を安産のお守りとして授かり、無事生まれると境内の稲荷神社にお返しする習わしは今も続いています。

明治四一（一九〇八）年からは、「心岳寺詣り」の期間を含む八～九月に限り、近くに臨時駅「心岳寺仮乗車場」が設けられ、多くの人々が列車で参拝に訪れるようになりました。

平松神社奉献会の黒田清忠会長によると「父の話では、戦前は周囲に出店も出て、期間中に数千人はお詣りに訪れた」そうです。

ところが戦後になって「心岳寺詣り」は急速に衰退していき、残念ながら「仮乗車場」も昭和四二（一九六七）年に惜しまれながらの廃止となりました。

一帯は険しい崖下を国道と線路が通り、駐車場にできる土地がありません。「仮乗車場」が廃止されてからは、四キロ先の重富《しげとみ》駅から歩くしかなくなりました。

島津孝久宮司は「昔の薩摩の人たちはとにかくよく歩いたそうですが、高度経済成長期になると車社会へと変わり、人の心も変わっていったのでは」と話していました。

島津孝久宮司のお話

孝久宮司が着任したのは平成二九（二〇一七）年。祖父の代から東京都内に住み、神職とは全く縁がなかったそうですが、前宮司が亡くなって三年ほど後任がいない状態が続き、島津家の中から後継として選ばれたそうです。団体職員の職を辞して鹿児島に移住し、神職の資格を取って宮司になりました。

島津家は、初代の忠久が承久三（一二二一）年に越前国守護職に任ぜられ、島津家の支族、越前島津家が誕生しました。戦国時代に越前での抗争に敗れて途絶えましたが、元文二（一七三七）年、島津氏二十二代当主で薩摩藩五代藩主の島津継豊が、弟の忠紀に越前島津家の名跡を継がせて復興させました。

孝久宮司はその十代目、越前島津家初代から数えて二十五代目にあたります。

「御祭神の歳久公だけでなく、殉死した二十七人も大切にお祀りしていきたいと思っています。島津家の者が担わなければいけないことですから」と孝久宮司は決意を語ってくれました。

御本殿の裏側には、歳久と二十七人の家臣の墓があります。歳久の御首と体は明治期にここへ一緒に改葬され、昭和になったころ、歳久が初代当主である日置島津家の菩提寺で廃寺となった大乗寺跡の墓に改葬されています。

境内は高さ十五メートルほどはある石垣で支えられています。戦国時代に盛んに用いられた、自然石のまま組む「野面積《のづらづ》み」です。まるで山城のようにも見え、創建された戦国の世の気配を今に伝えています。

孝久宮司が着任したころは、平松神社は全くの手つかずの状態でした。境内は膝までの草で覆われていて、手作業で草を刈り、境内を整備していったそうです。私も宮司が着任する前に訪れたことがありましたが、誰も人がおらず、草で覆われていて日中でも薄暗く、怖くて早々に立ち去ったことがありました。

現在はきれいに整えられていて、とても明るく清らかな空気に包まれています。

「事務仕事をしていた東京での暮らしとは真逆の生活になりましたが、普段、意識することなく呼吸をしているのと同じように、ここでの

写真右上／平松神社の境内から望める鹿児島湾。
写真左上／殉死した二十七人の家臣のお墓。
写真右下／平松神社・島津孝久宮司（左）と筆者。
写真左下／島津歳久公のお墓。

「御祭神の歳久公だけでなく、殉死した二十七人も大切にお祀りしていきたいと思っています。島津家の者が担わなければいけないことですから」平松神社・島津孝久宮司

ご奉仕は私にとって自然に感じます。神社を清浄に保つことは大切なことで、境内の整備をしていると清々しいと思う一瞬があります。参拝した人が万が一、そう感じてくれたらうれしいです」と話してくれました。

神社の目の前は広大に広がる鹿児島湾、そして右手には桜島が見えます。境内から望む桜島は、鹿児島市中心部から見える正々堂々とした正面の桜島とはまた趣が違い、優しく感じられます。私が訪れた日には、付近をイルカが泳いでいるのも見ることができました。

左手には、天気の良い日は高千穂の峰や韓国岳も見ることができます。神社の背後の山中に昔から女人禁制の滝がありますが、そこから流れる水は手水舎にも流れていて、とても清々しい気持ちにさせてくれます。

孝久宮司が着任してからは、少しずつ参拝者が増えてきているそうです。鹿児島の「三大詣り」で現在も盛んなのは「妙円寺詣り」だけとなっていますが、現代の暦で毎年八月十七、十八日にあたる「心岳寺詣り」も再興したいと考えているそうです。これからの平松神社が楽しみです。

神の坐す風景を求めて
―神社旅行の楽しみ―

小さな神社を旅する

渋谷　繁（神社愛好家）
昭和29年、神奈川県生まれ。元ＪＡセレサ川崎広報担当。末長杉山神社氏子。神社検定1級。

今回は特定の地域ではなく、これまで訪れた各地の神社のなかで、紹介できなかったものを改めていくつかご紹介したいと思います。その多くは特に観光地でもない小さな集落の一般には知られていない、ごく普通の鎮守の神様ですが、それでもそれは地域の人々に愛され敬われている大切な神社です。そこには人々が永年培ってきた郷土愛や祖先への感謝の気持ちが凝縮されているのです。そのような小さな集落の小さな神社こそが、神社神道の原点ではないかと私は感じています。

矢向神社　山形県新庄市本合海
矢向神社の御本殿は最上川の鳥居の対岸にあり、断崖の上からでなければ到達出来ません（写真上）。『日本三代実録』に出羽国矢向神とその名が見える古社で、奥州へ落ち延びる源義経の一行も船から伏し仰いだと言われています。

太神社（だいじんじゃ）　山梨県笛吹市一宮町北都塚

桃畑の真ん中に鎮座し、花の時期は壮観です。元禄時代以前の創建だそうで、桃栽培が盛んになるのは近代になってからなので、当初は田んぼの中の一軒家だった事が想像されます。

浮島稲荷神社　神奈川県平塚市岡崎

地番は平塚ですが、最寄り駅は小田急線の鶴巻温泉です。かつては田んぼに水を引くと、まるで島のように浮いて見えたことでしょう。後方に見える雪化粧の山は大山阿夫利神社（おおやまあふりじんじゃ）が鎮座する大山。水不足になりがちな夏になると、太平洋から吹く南風が最初に丹沢山塊にぶつかり、雲を発生させ、雷を呼び、夕立を降らせます。先人達がここに雨の神様を祀ったのにはちゃんとした理由があるのです。

海津見神社（わたつみじんじゃ）　長崎県諫早市川内町
有明海の干拓の歴史は古く、飛鳥時代の渡来系氏族、秦氏が現在の佐賀県域で行ったのが始まりだそうです。かつて神社の裏手は海だったのでしょうか。今はどこまでも続く干拓地。そこにポツンと残された海の神様。今や海津見の神様は海も畑もどちらも守っておられるようです。

白狐稲荷社　長野県諏訪市大字四賀
今でこそ御本殿の脇を車道が通っていますが、その昔は川の中州で、鳥居の前は船着き場。かつては上諏訪温泉・下諏訪温泉の遊郭から遊女達が船に乗ってお参りに来ることもあったそうです。彼女達はここで何を思い、何を祈ったのでしょうか。神社は様々な人々の思いを積み重ね、温かみも淋しさも織り交ぜ紡ぎながら、悠久の時を経て今もそこに鎮座ます。神社仏閣にお参りするという事は、そこに触れた先人達の思いも受け止めるという事かも知れません。

大守神社（おおもりじんじゃ）　**滋賀県長浜市落合町**
滋賀県長浜市の郊外。広大な水田地帯の中、社叢林がひときわ眼を引きます。仁賢天皇（にんけんてんのう）の御代に創建されたと伝わる古社です。浅井氏や京極氏など戦国武将に篤く崇敬されていた神社です。姉川の合戦の後、信長によって焼かれましたが、後に復興。松平伊豆守も幣帛（へいはく）を寄進しているそうです。参道に掛かる大明神橋から鳥居までの参道を含めて、一つのまとまった神社風景が素晴らしい。

弁天窟　**長野県佐久市望月**
崖に穿たれた中国風の懸崖造りの建物に弁天様が祀られています。室町時代に琵琶湖の竹生島（ちくぶしま）から弁天様を勧請して建てられたそうですが、これほどの風景がさしたる観光地になっていないのが不思議。老朽化で危険なため、現在内部は立ち入り禁止です。このような特異な建築物が何の文化財指定もされず、荒れるに任されているというのは驚きです。早急に自治体でなんとかしてほしいものです。

ちょぼくり稲荷　千葉県銚子市長崎町

正式名称は長九郎稲荷神社。通称ちょぼくり稲荷。江戸時代の初め頃に、紀州から銚子にやってきた長九郎という名の漁師が、大漁祈願のために伏見稲荷大社から宇迦之御魂神（うかのみたまのかみ）を勧請したのを起源とする神社。生真面目な神社崇敬者が見たら「鳥居で遊ぶな」と怒りそうですが、この鰯、秋刀魚、鯛をあしらった鳥居は、海上を行く漁船からも灯台のようにすぐ確認できるでしょう。一時は廃れていたようですが、最近は補修も進んでいるようです。

鬼神社　青森県弘前市鬼沢

鬼を神として祀る神社。扁額の横に掲げられているのは巨大な鉄製農具のオブジェ。鬼は鉄の農具を使って村を豊かにしたと言われています。鬼とはこの地に製鉄技術をもたらした、異邦の人々であったのでしょうか。

八幡神社　茨城県常総市兵町

小貝川と八間堀川に挟まれた、広い田園地帯の一軒屋。神社の詳細は分かりませんが、遠く筑波の山を望み、小さくとも威風堂々たる姿です。

八幡神社　福井県勝山市荒土町

荒土町田名部地区の産土神。極小にまとめられた境内地に綺麗に手入れされた木々。神を祀る人々の思いが伝わってきます。私には、どこか威圧感すら感じてしまうこともある規模壮大な神社よりも、このようなお社にこそ、何世代にも亘って積み上げられてきた人々の強い信仰心と溢れる郷土愛を感じます。とても清々しい神社だと思います。

イルスの出入りをプロテクト

MAYA
Anti-viral Protective Sticker
MAYA ウイルスプロテクトステッカー

ウイルスプロテクトステッカー

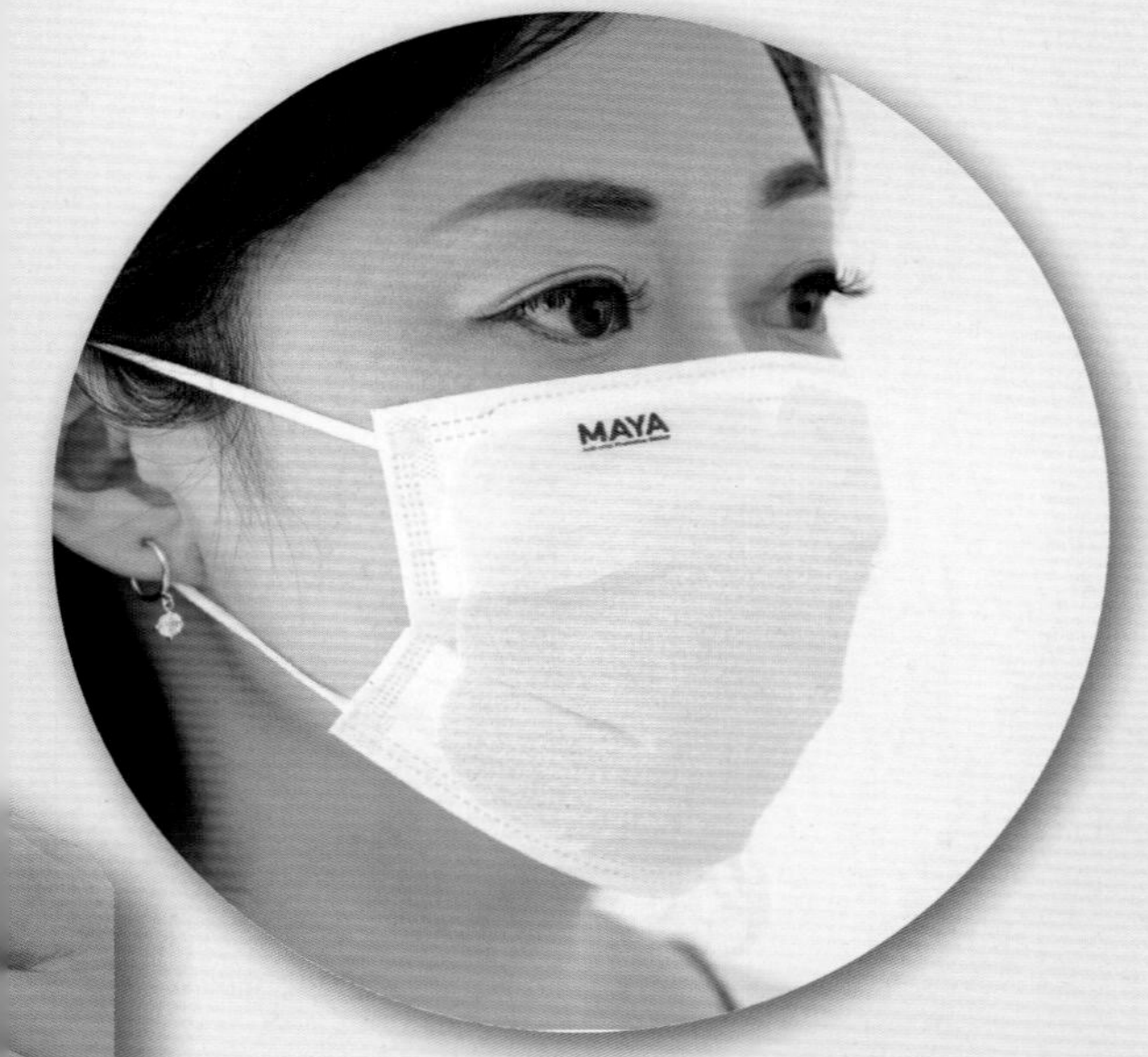

インフルエンザなどさまざまな微生物病原体について
10年以上の研究を重ねてきた、
テクニオン・イスラエル工科大学の
ヤール・ズスマン教授の研究グループ。
このたび彼らは、
国家保健省および国防省と緊急対策チームを結成し、
不織布マスクに張り付けてウイルスをブロックするタイプの
新しいステッカーを開発しました。

このMAYAウイルスプロテクトステッカーは、独自に開発された三次元立体構造（3D方式）のナノファイバーフィルターにポビヨンヨードで殺菌されたフィルターにより、ウイルスの無力化を促進します。

一般的な不織布マスク（サージカルマスク）はウイルス飛沫の通過をほぼ防ぐことはできても、マスクに付着したウイルスを無力化することはできません。さらに極小のウイルス飛沫（※1）の通過は防ぐことができません。そうした不織布マスクの欠点を補うのが、ポビドンヨードを接着させたMAYAウイルスプロテクトステッカーです。

マスクを通して吐く息も吸う息も、このMAYAウイルスプロテクトステッカーがあれば99％安心、安全です。
MAYAウイルスプロテクトステッカーの超極小フィルター機能（※2）とポビドンヨードが2重のバリア効果を果たすことで、ウイルスの吸入を阻止し、ウイルスの無力化を促進します。

※1 通常の不織布マスクは直径5μmまでの飛沫は防ぐことが可能とされています。それ以下の直系の飛沫は防ぐことはできません。
※2 三次元立体構造（3D方式）のナノファイバーフィルターのMAYAウイルスプロテクトステッカーは、極小飛沫だけではなく、0.1μmのウイルス単体の通過を防ぐことが可能です。

マスクを通して吐く息も吸う息も、
MAYAプロテクトステッカーを貼れば、24時間、99％安心で安全です。

MAYAウイルスプロテクトステッカーの使用方法
1）事前に手を洗剤でよく洗い、よく乾かしてから、ステッカーのパッケージを開封してください。
2）不織布マスクを顔に装着してください。
3）ステッカーを保護シールからはがして、不織布マスクの外側に貼り付けてください。（鏡を見ながら行うと貼りやすくなります）

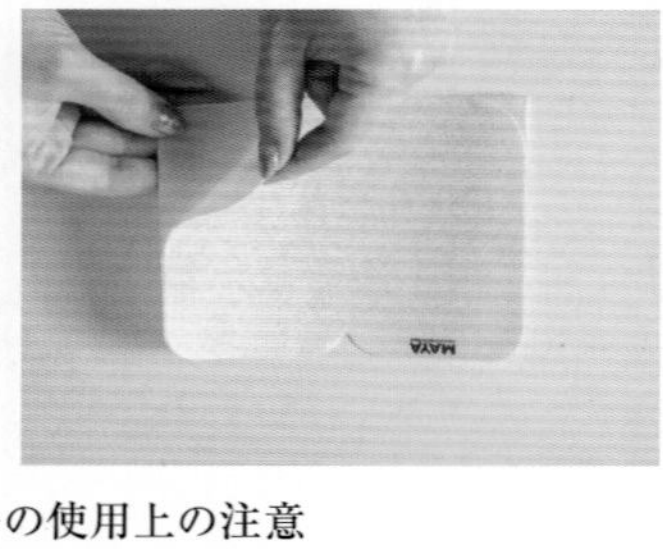

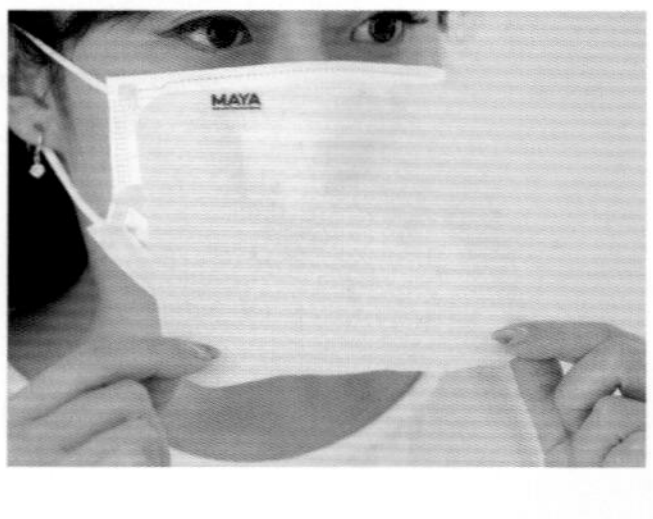

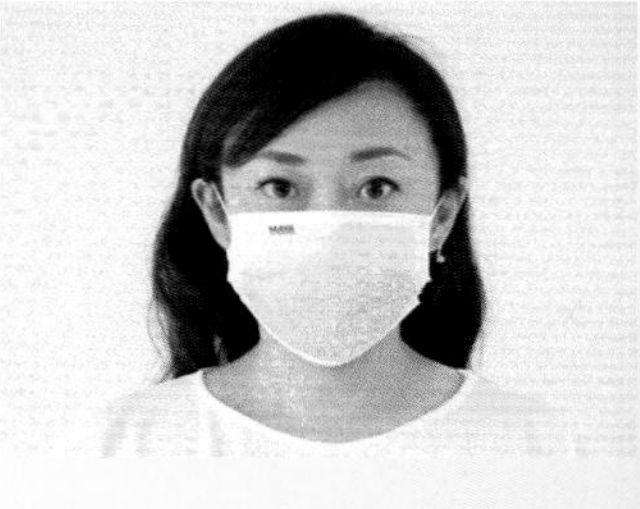

◆MAYAウイルスプロテクトステッカーの使用上の注意
※ステッカーは、マスクの代わりに使用するものではありません。
※ステッカーはパッケージを開封してから24時間有効です。
※ステッカーは使い捨てタイプですので、クリーニングや再利用はできません。
※ステッカーはヨウ素で殺菌されています（ヨウ素に敏感な方は使用しないでください）。
※ステッカーは濡れた手で触らないでください。

輸入・販売元：株式会社トレードウインド
製造元：Dykam Ein Harod Meuhad A.C.A Ltd.

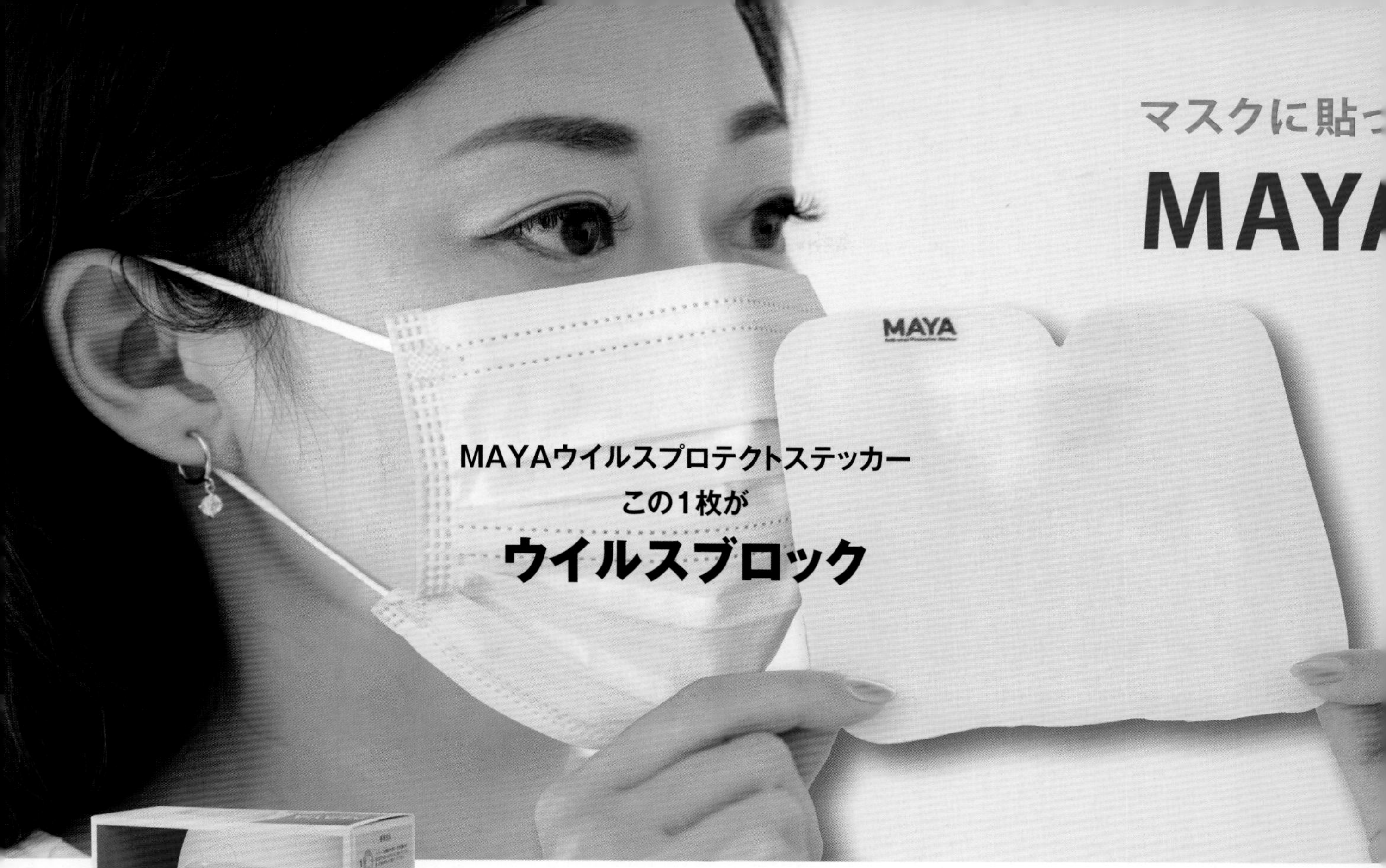

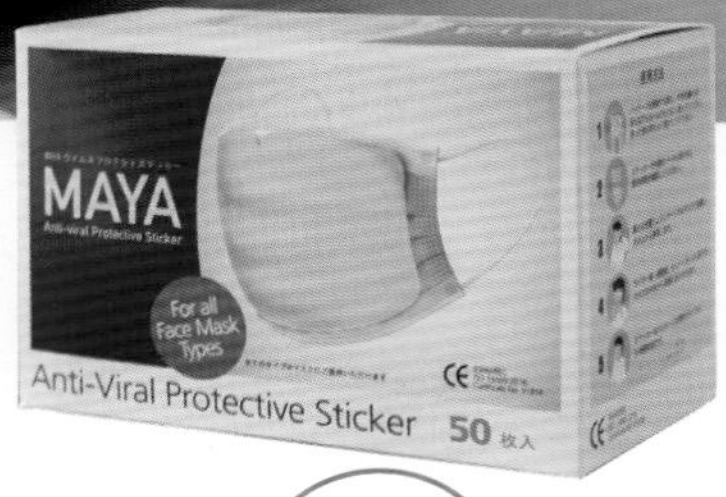

MAYAウイルスプロテクトステッカーの３大特徴

特徴 1

MAYAウイルスプロテクトステッカーは、ナノファイバーフィルターですので、極小飛沫やウイルスのマスク通過を阻止します。

特徴 2

24時間効果のあるポビドンヨードで殺菌されたフィルターにより、マスクに付着したウイルスの無力化を促進します。

特徴 3

MAYAウイルスプロテクトステッカーは、ナノファイバーフィルターでありながら、3三次元立体構造のため、マスクに装着しても呼吸に大きな影響を及ぼすことがありません。

MAYAステッカー：構造と特性

孔径は60～1,000nmの範囲、厚さ、L1～20μmです。この多孔度により、空気透過率kが10～7k/L1～10-5k/L1〔m〕になります。MAYAステッカーの寸法：110mm×150mm×0.45mm（7.425cm3）。不織布のナノファイバーは、ポビドンヨード3.8625mgと統合されており、単位あたりPVP-111,2,3で、234mg/m2に相当します。MAYAステッカーの構造を右の図1に示します。

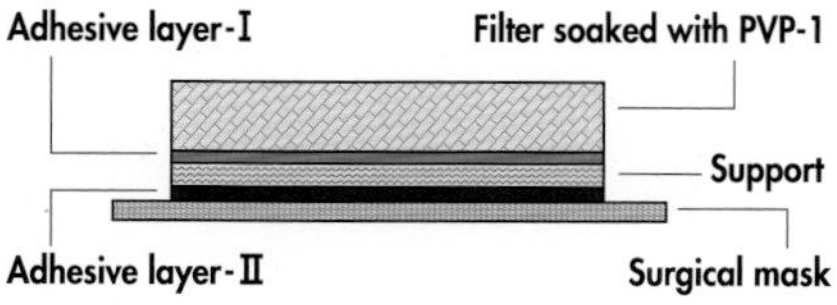

Fig.1.MAYA Sticker - structure.

微生物病原体などの大きさ

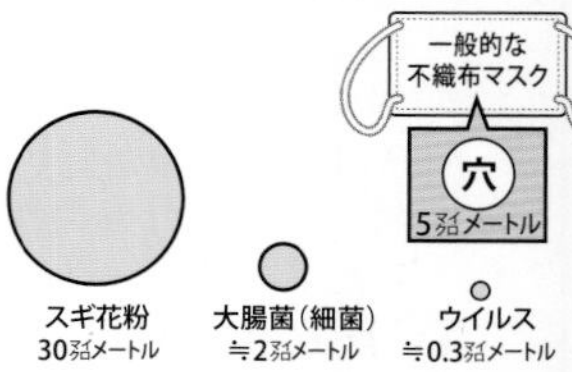

1nm（ナノメートル）＝1/1000μm（マイクロメートル）
＝1/1,000,000mm（ミリメートル）

◆ご注文方法

ご注文は、①ハガキ、②FAX、③メールのいずれかで、下記の内容をご記入してお送りください。

注文する際の記載内容　●お客様のご住所、お名前、電話番号　●商品のお届け先（上記と同じ場合は記載不要）
●ご注文数（お求めになる箱の個数をご記入ください）

① ハガキの送付先：〒336-0023　埼玉県さいたま市南区神明 1-1-12
② FAX番号：048-839-3908　③ メール送信先：info@tradewind-novo.jp

◇お支払方法：お支払いは代金引換（商品到着時に代金をお支払いください）
◇配送料：配送料は弊社負担とさせていただきます。お届けは受注後、約1週間となります。
◇返品・交換について：ご返品は商品未開封に限り返送料をお客様ご負担にてお受け致します。
交換は瑕疵品に限り弊社負担でお取替え致します。
◇商品価格：1箱50枚入り　発表記念特別価格（消費税込）　27,500円（1枚あたり 消費税込550円）
1箱：27,500円　2箱：55,000円　3箱：82,500円（いずれも消費税込）
◇お問い合わせ先：株式会社　トレードウインド　048-839-3901（平日 AM10:30~PM5:00）

【バックナンバー】 http://www.wago-mag.jp/

第 8,10,12,13,15～17,19,32 号は売り切れです。

第 22 号（2017 年 1 月 1 日発売）
●山折哲雄「自然と人間が共生してきたかたち」

第 23 号（2017 年 4 月 1 日発売） ※在庫僅少。
●科学者たちの叫び、神道の可能性／田中恆清、鹿島則良、中東弘、山本良一、石田秀輝、浅見帆帆子、安倍昭恵、和田裕美

第 24 号（2017 年 7 月 1 日発売）
●和の道・大神神社にて「和合友の会～和の道～」発足記念式典
●知られざる践祚大嘗祭の秘儀“麁服（あらたえ）神事”とは何か？（前編）
●武蔵国一の宮・氷川神社 ●石平「日本の役割は大きい」

第 25 号（2017 年 10 月 1 日発売） ※在庫僅少。
●光を求めて／早川千晶、佐々井秀嶺、神楽伝承国会議員連盟
●知られざる践祚大嘗祭の秘儀“麁服（あらたえ）神事”とは何か？（後編）
●遠江国一の宮・小國神社 ●摂津国一の宮・坐摩神社

第 26 号（2018 年 1 月 1 日発売）
●世界に和合の精神を／下総国一の宮・香取神宮・香取武宮司に訊く、石平×山本良一、金澤泰子×神谷光徳 ●日本総鎮守の杜・大山祇神社
●丹後国一の宮・元伊勢 籠神社 ●備中国一の宮・吉備津神社

第 27 号（2018 年 4 月 1 日発売）
●蘇りの時／皇居勤労奉仕の始まり、天皇皇后両陛下・屋久島への行幸啓、石田秀輝 ×塚田昌久「生命を蘇らせる」、草場一壽 ×旺季志ずか「人はみな神様である」 ●伊豆国一の宮・三嶋大社

第 28 号（2018 年 7 月 1 日発売） ※在庫僅少。
●随神の道を歩む／本牧神社の特殊神事、葛木御歳神社の奇跡、常陸国一の宮・鹿島神宮で「竜王戦」開催！ ●河内国一の宮・枚岡神社
●分林保弘 ×宮澤伸幸 ×塚田昌久「日本創生のために」

第 29 号（2018 年 10 月 1 日発売） ※在庫僅少。
●これが日本の光／高麗神社・天皇皇后両陛下行幸啓、北海道神宮・吉田源彦宮司に訊く、神武天皇陵と橿原神宮、詩情の日本画家・西田眞人が描く一の宮、「一万人のお宮奉仕」和合友の会 和の道

第 30 号（2019 年 1 月 1 日発売）
●未来へ繋ぐ知恵／アグネス・チャン、稲田美織、小西利行、西亀真、藤原美津子、山田正彦、山本良一、横尾俊成、吉村孝文、レーサー鹿島 ●隠岐国一の宮・水若酢神社 ●曽根崎総鎮守の杜・露 天神社

第 31 号（2019 年 4 月 1 日発売）
●八百万の神々を感じる／「天皇陛下、ありがとうございます」、平成最後の「神迎神事」、小橋賢児、浅野信康（日本画家）、草場一壽（陶彩画家）、岡田能正（近江八幡・賀茂神社禰宜） ●新橋・烏森神社

第 33 号（2019 年 10 月 1 日発売）
●祈りの原点／稲本正（森林探検家）「天皇陛下と、人と森と」、中東弘（枚岡神社宮司）、佐々井秀嶺（インド仏教徒）、荒川祐二（作家）、小林芙蓉（書家） ●珠玉の名作映画！『くらやみ祭の小川さん』

第 34 号（2020 年 1 月 1 日発売）
●いかに令和を生きるか？／「出羽三山で生まれ変わる！」、小川榮太郎（評論家）、白石あずさ（ライター）、現代の名僧・山川宗玄老師
●信濃国一の宮・諏訪大社 ●御柱の立つ里 ●浅草神社・土師幸士

第 35 号（2020 年 4 月 1 日発売）
●日本人の生き方／「伊勢神宮と天皇陛下」、日本建国の原点に還ろう、八百万の神々と「食」、東村アキコ（漫画家）×町田真知子
●常陸国一の宮・鹿島神宮 ●戸隠への道 ●日が沈む聖地・出雲

第 36 号（2020 年 7 月 1 日発売）
●神社は日本の底力／住吉大社と「一万人のお宮奉仕」、真清田神社 辰守弘宮司に訊く、唯一の外国人神主ウィルチコ・フローリアン
●武蔵国一の宮・氷川神社 ●東村アキコ（漫画家）×町田真知子

第 37 号（2020 年 10 月 1 日発売）
●【10 周年記念特集】神の国の復活／荒川祐二（作家）、画家・太陽 大西幸仁、小橋賢児（クリエイティブディレクター）、小林芙蓉（書家）、田中利典（総本山金峯山寺長臈）、マークエステル（画家）、他

編集後記／

日本は平均寿命が長いと言われていますが、その実態は不健康寿命、寝たきり寿命がなんと 10 年間もあるとのこと。私の母も認知症で、まったく何も分からなくなり、寝たきりで既に 5 年。歯も無いので流動食を食べさせてもらっていますが、食欲はあるようで「とても元気です！」と施設の方に明るく言われても、非常に複雑な心境になってしまうのです。

2040 年になると 85 歳以上の方が一千万人を超え、彼らを動けない人々として支えたら間違いなく日本は破綻すると、S 氏に教えていただき、ぞっとしました。また、自分が動けなくなり、何も分からなくなった時、ただ流動食を食べさせてもらったり体を拭いてもらうだけの状態で、家内や息子、誰かに面倒をみてもらいたいとはまったく思えません。

そのような難問の対策として、健康長寿社会を目指した企画「神社カフェ」というものがあることも S 氏に教えていただきました。お年寄りから子供までが楽しめる「憩いの場」を神社に創っていこうと活動されています。今号で民俗学者・山崎敬子先生がおっしゃっているように、誰もが来れる、誰もが居れる場所、三世代の心に刺さる空間・神社。どうやら健康長寿社会の鍵も神社が握っていそうです。 竹森

「和」の幸せ情報誌 『和合（WAGO）』 令和 3 年 第 38 号

発行 令和 3 年 1 月 1 日
発行人 小林光雄
総監 安藤政彦
発行元 株式会社偶庵
〒103-0004 東京都中央区東日本橋 2-12-4 2 階
電話 090-3817-7360 FAX 03-5809-1783
http://www.wago-mag.jp/
E-mail sugi-t@wk9.so-net.ne.jp
発売元 太陽出版
〒113-0033 東京都文京区本郷 4-1-14
電話 03-3814-0471 FAX 03-3814-2366
編集長 竹森良一
編集 杉崎美穂／撮影・編集
西口久美子、小林光雄
編集協力 神社本庁、神宮司庁
株式会社クレスト、安河内眞美／「WAGO」題字
金澤翔子／「和合」題字
印刷製本 株式会社新潟印刷
ISBN978-4-86723-023-7